E. Gambsch (Hrsg.)

Die 300 besten Bett-Witze

Illustrationen von Dietmar Grosse

Inhalt

»Sagen Sie einfach, daß Sie mein Mann sind«
oder
Im Singlebett, da ist was los   7

»Sorgen Sie dafür, daß wir die nächsten
Stunden nicht gestört werden«
oder
Besonders nett liebt es sich im Himmelbett   19

»Ich bin im letzten Augenblick einem Kind
ausgewichen«
oder
Jugendliche Sexereien im Teenagerbett   31

»Unsere Jungfrau liegt gerade mit einem
anderen Kunden in der Falle«
oder
Turbulenzen im Lotterbett   47

»Stets zu Ihren Diensten, gnädiger Herr«
oder
Freundvolle Stunden im Dienstmädchenbett . . .   57

»Zuerst kommen die Gäste und dann erst wir«
oder
Nach der Party ab ins Heiabett   73

»Sie kann es einfach nicht sehen, wenn ich
mich amüsiere«
oder
Noch einmal mit Gefühl im Ehebett   85

»Für so einen miesen Bums zahle ich doch nicht
zweimal«
oder
Mißverständnisse im Doppelbett   109

**»Sagen Sie einfach,
daß Sie mein Mann sind«**

oder

Im Singlebett, da ist was los

»Ich will ehrlich zu dir sein: Du bist nicht der erste Mann, mit dem ich ins Bett gehe.«
»Und ich will genauso ehrlich sein: Du mußt trotzdem noch sehr viel lernen.«

*

Er hat die flotte Irene abgeschleppt. Als sie am nächsten Morgen neben ihm aufwacht und auf die Standuhr schaut, meint sie enttäuscht: »Das einzige, was hier steht, ist offensichtlich nur die Uhr.«

*

»Du bist doch gestern mit den Zwillingsschwestern ausgegangen. Warst du anschließend mit ihnen im Bett?«
»Ehrlich gesagt: ja und nein.«

Sie fragte den Junggesellen:

»Wenn ich nicht mit dir ins Bett gehe, willst du wirklich Selbstmord begehen?«
»Aber selbstverständlich, denn das halte ich immer so.«

»Mein neuer Freund ist unglaublich reich«, erzählt Christine ihrer Freundin. »Und als wir gestern ins Bett gingen, hat er mir versprochen, daß ich einen Sportwagen bekomme, wenn ich eine Granate bin, für Mittelklasse sollte ich ein Coupé bekommen und für noch weniger immerhin noch einen Kleinwagen.«
»Und was hast du erhalten?«
»Einen Tretroller.«

Verkatert erwacht er morgens in seinem Junggesellenbett, streichelt gedankenverloren die nackte Schulter neben sich und flüstert: »Wie ich gestern schon sagte – ab heute fängt ein neues Leben für uns beide an, Elvira.«
»Wunderbar«, flüstert sie zurück, »nur: ich bin Renate und nicht Elvira.«

*

Die schon nicht mehr ganz taufrische Junggesellin ruft bei der Polizei an und erkundigt sich: »Darf ich den Mann, den ich unter meinem Bett gefunden habe, behalten, wenn sich innerhalb von vier Wochen kein Verlierer meldet?«

*

Sie sagt zu ihm, als sie mit ihm ins Bett geht: »Ich bin nicht so wie andere Mädchen.«
»Ist schon gut«, meint er, »ich glaube dir doch.«
»Du bist der erste«, schluchzt sie.
»Der mit dir schläft?«
»Nein, der mir glaubt.«

*

»Noch nie war er so wertvoll wie jetzt«, wunderte sich der Junggeselle, als ihm an einem Abend gleich drei Girls ihr Bett anboten.

*

Sie kuschelt sich neben ihm in die Bettdecke und fragt: »Wie viele andere waren denn schon vor mir hier in deinem Bett?«
Er zündet sich eine Zigarette an, runzelt die Stirn, und nach fünf Minuten sagt sie schmollend: »Na, ich warte immer noch.«
»Ja, doch«, sagt er, »und ich zähle immer noch.«

Fragt sie: »Wirst du mich auch dann ein Leben lang lieben, wenn ich im Bett eine Enttäuschung für dich bin?«
Brummt er: »Natürlich! Das beweise ich dir doch jeden Tag.«

Es beteuerte der Single:

»Wie man sich bettet, so liebt man.«

»Warum willst du plötzlich mit deinem Freund Schluß machen?« fragt die Kollegin.
»Weil er mir zu unzuverlässig ist. Kaum gehe ich ab und zu mit anderen Männern ins Bett, rennt er zu irgendwelchen Nutten und rächt sich.«

*

Die beiden amüsieren sich köstlich im Bett, als sie plötzlich hört, daß die Wohnungstür aufgeschlossen wird. Sie wird bleich, überlegt sekundenlang und flüstert ihm dann ins Ohr: »Keine Panik! Da kommt mein Lover, aber sagen Sie einfach zu ihm, daß Sie mein Mann sind.«

*

»Der Fredi hat jetzt eine ganz neue Masche, um die tollsten Frauen in sein Bett zu kriegen«, berichtet der verheiratete Kollege seiner Frau.
»Und wie macht er das?« will sie wissen.
»Er verspricht jeder, sie als Begünstigte seiner Lebensversicherung eingesetzt zu haben, falls er sich mit ihr einmal zu Tode bumsen sollte.«

»Der Kerl wollte unbedingt mit mir ins Bett gehen«, berichtet Susanne ihrer Freundin.
»Und du hast doch sicher abgelehnt?«
»Sicher! Aber erst, als es beim dritten Mal wieder nicht richtig geklappt hat.«

*

»Kennen Sie den Unterschied zwischen einer Achtjährigen, einer Achtzehn-, einer Achtundzwanzig- und einer Achtunddreißigjährigen?« fragt der Psychologe eine Kollegin.
»Keine Ahnung, aber interessieren würde mich das schon.«
»Eine Achtjährige geht mit einem Märchen ins Bett, während die Achtzehnjährige mit einem Märchen ins Bett zu bekommen ist. Die zehn Jahre ältere Frau ist einfach märchenhaft im Bett, und die Achtunddreißigjährige sagt cool: ›Erzähl mir keine Märchen, sondern ab mit dir ins Bett!‹ «

Es fragte die Reporterin den Junggesellen:

»Welchen Ort bevorzugen Sie für ein Rendezvous?«
»Da gibt es nur einen: mein Bett!«

Sie ist mit ihm in seine Wohnung gegangen, beobachtet, wie er ihr etwas eingießt, und sagt: »Wenn Sie mich betrunken machen und dann mit mir ins Bett gehen wollen, sollten Sie mir ein größeres Glas geben. Ich kann nämlich nicht allzu lange bleiben.«

Sie liegt bei ihm, den sie kurz vorher erst kennengelernt hat, im Bett und stöhnt: »Du bist ein gemeiner und brutaler Kerl!«

»Nein«, widerspricht er, »ich bin ein ganz lieber Eindringling.«

Es wunderte sich die Achtzehnjährige:

»Manche Männer sind offensichtlich so schwach, daß sie die Frau, die sie auf Händen tragen wollen, gleich in das nächste Bett legen müssen.«

Als sie morgens aus dem Bett des Schauspielers aufsteht, fragt sie ihn enttäuscht: »Spielst du am Theater auch nur Einakter?«

*

»Ein zauberhaftes Abendessen, scharfe Drinks, leise Musik, schmeichelhafte Komplimente – der Kerl hat wirklich keinen Trick ausgelassen, um mich ins Bett zu kriegen«, schwärmt sie ihrer Freundin vor.

»Und?«

»Und jeder hat funktioniert.«

*

Er hat sie nicht überreden müssen, mit ihm ins Bett zu gehen. Doch danach weint sie leise und jammert: »Ich werde meiner Mutter berichten, daß du mich dreimal verführt hast.«

»Wieso dreimal?« staunt er.

»Na ja, zweimal wird es doch noch gehen?«

Sie liegt mit ihrem Lover im Bett, und er erkundigt sich:
»Hast du morgen auch Zeit?«
»Nein, erst übermorgen wieder. Morgen heirate ich.«

*

Die langjährige Teilzeitlebensgefährtin hat den Junggesellen plötzlich verlassen, und ein Bekannter fragt den anderen: »Nimmt er sich die Trennung sehr zu Herzen?«
»Er trauert nach wie vor und geht nur noch mit Frauen ins Bett, die schwarze Dessous tragen.«

*

»Ich habe schon eine ganze Menge darüber gehört, wie Sie so im Bett sind«, sagt Sabine zu einem aufdringlichen Verehrer.
»Ach«, meint er geschmeichelt, »das ist nichts, worüber man groß reden muß.«
»Stimmt«, sagt sie, »genau das habe ich gehört.«

*

Entrüstet sich die Freundin: »Stell dir vor, da lädt mich Wolfgang doch ein, eine ganz tolle neue CD zu hören – und dann knarrt sein Bett so laut, daß man kaum die Musik mitkriegt.«

*

»Die Frau, mit der ich ins Bett gehe, muß intelligent sein, und ich werde erst richtig geil, wenn ich mich mit ihr auch über Politik und Kultur unterhalten kann«, sagt er.
Sie schlägt die Bettdecke zurück und fragt: »Und was hat dich an mir am meisten aufgeregt?«
»Deine Mordstitten natürlich.«

Höflich fragt der Junggeselle: »Darf ich Sie zu Kaffee und Torte in meine Wohnung einladen?«
Gnädig stimmt sie zu: »Einverstanden, aber merken Sie sich, ich hasse Krümel im Bett.«

*

Der Junggeselle liegt mit seiner Neuen im Bett und fragt: »Kennst du eigentlich Smetana?«
»Nein«, haucht sie, »aber ich war schon immer dafür, alles auszuprobieren.«

*

Es erkundigt sich die junge Frau im Möbelgeschäft: »Haben Sie nicht ein Bett mit etwas höheren Beinen? Ich meine, unter dem sich im Notfall auch einmal ein Mann verstecken kann...«

Es seufzte die Dreißigjährige:

»Männer haben keine Ahnung von den sexuellen Wünschen einer Frau. Während er sich noch überlegt, ob er sie küssen soll, sieht sie sich im Geiste bereits mit ihm im Bett liegen.«

»Hättest du gedacht, daß wir schon nach ein paar Stunden zusammen im Bett liegen würden?« fragt der Junggeselle.
»Doch, doch«, meint sie.
»Aber du kennst mich doch kaum«, wundert er sich.
»Dafür kenne ich mich um so besser.«

»Sorgen Sie dafür, daß wir die nächsten Stunden nicht gestört werden«

oder

Besonders nett liebt es sich im Himmelbett

Er geht in seinem Stammhotel auf sein Zimmer, läßt das Zimmermädchen kommen und sagt: »Wenn es heute nacht blitzt und donnert, brauchst du überhaupt keine Angst zu haben. Dann kommst du einfach in mein Bett, und ich werde dich beschützen.«

»Würde ein kurzer Regenguß vielleicht auch genügen?« erkundigt sich das muntere Kind.

*

Wolfgang hat seine Urlaubsbekanntschaft endlich in sein Hotelzimmer locken können. Sie liegt neben ihm im Bett, und sie hat nur noch ihre Armbanduhr an.

Besorgt meint er: »Willst du nicht lieber die Uhr auch noch ablegen? Vielleicht ist sie ja nicht stoßfest.«

Es sagte der Ferienmanager:

»Eine Abmagerungskur ist vielleicht überflüssig, wenn eine Urlauberin statt mit Pralinen mit einem richtigen Mann ins Bett geht.«

In der Bar des Wintersporthotels sagt Uwe laut zu dem Keeper: »Fünfhundert Mark für jede Dame, die es mit mir nach meiner Art macht!«

Als er eine Stunde später die Bar verläßt, geht ihm eine junge Frau nach und fragt ihn, ob er sein Angebot ernst gemeint habe. Uwe bestätigt es, und gemeinsam gehen sie auf sein Zimmer.

Als sie im Bett liegen, fragt sie: »Übrigens, wie soll ich das überhaupt verstehen: ›nach meiner Art‹?«

Strahlt Uwe: »Auf Kredit natürlich.«

Sie haben sich im Urlaub kennengelernt, spielen jetzt immer dumme Spielchen, und er schlägt ihr ein neues vor: »Wir machen jetzt das Licht aus. Du versteckst dich, und wenn du dann ›piep‹ sagst, suche ich dich. Finde ich dich beim ersten ›piep‹, darf ich dir einen Kuß geben, beim zweiten darf ich dich umarmen. Finde ich dich aber erst bei dreimal ›piep‹, dann darf ich dich so richtig vernaschen.«

Sie ist damit einverstanden, macht das Licht aus, versteckt sich und ruft nach einer halben Minute: »Piep, piep, piep – ich liege im Bett!«

*

Sie verbringen ihren ersten gemeinsamen Urlaub und liegen seit Stunden im Bett. Schließlich sagt sie: »Liebling, kannst du nicht einmal...«

Er reagiert nicht und macht weiter.

Eine Stunde später bittet sie wieder: »Liebling, kannst du nicht einmal...«

Wieder keine Reaktion.

Als bereits der Morgen graut, wagt sie noch einmal, ihn zu fragen: »Liebling, kannst du nicht...«

Endlich reagiert er: »Was willst du denn?«

»Fünf Minuten aus dem Bett, weil ich schon seit Stunden auf das Klo muß.«

*

Fragt der Quizmaster: »Was für ein Gesicht hat Ihr Mann gemacht, als Sie zum letztenmal im Bett lagen?«

»Ein wutverzerrtes Gesicht!«

»Irren Sie sich da nicht?«

»Keineswegs, denn ich habe ihn genau beobachtet, obwohl das Fenster in unserem Ferienbungalow schmutzig war und ich nur mit einem Auge über die Schulter meines Urlaubslovers blinzeln konnte.«

Er und sie gehen während des Urlaubs ins Bett, und sie sagt: »Der Doktor hat es mir eigentlich verboten.«
»Wieso? Bist du etwa krank?«
»Nein, aber der Doktor ist mein Mann.«

*

Der Barkeeper des Ferienhotels sagte kurz nach Mitternacht: »Gute Nacht! Jetzt geht jeder in sein Bett.«
Und so war es dann auch. Wilfried ging in sein Bett. Christine ging in sein Bett, danach ging Lore in sein Bett, und später ging auch noch Barbara in sein Bett.

*

Zwei Pärchen machen gemeinsam Urlaub in einem Strandhotel, und als an einem Abend der Strom ausfällt, bleibt ihnen nichts anderes übrig, als sich auf ihre Zimmer zurückzuziehen.
Michael ist sehr fromm. Deshalb kniet er sich erst am Bettrand nieder und betet, bevor er unter die Bettdecke kriecht. Er hat sich gerade richtig ausgestreckt und will seinen Arm um die Frau neben ihm legen, als das Licht wieder angeht. Entgeistert sieht er, daß er neben dem Mädchen seines Freundes liegt. Mit einem Satz springt er aus dem Bett, klemmt seine Sachen unter den Arm und eilt auf die Tür zu. Da ruft die Verschmähte ihm kichernd hinterher: »Zu spät – mein Freund betet nicht vorher!«

*

Frau Kabels erwischt ihren Mann mit dem Zimmermädchen im Bett und sagt vorwurfsvoll: »Ich glaube, du hast etwas vergessen, mein Lieber.«
»Stimmt«, gibt er zu. »Ich hätte die Tür abschließen sollen.«

Im Hotel verirren sich Mike und Lorenz in ein Zimmer, in dem eine aufregende Frau nackt im Bett liegt und schläft.
Flüstert Lorenz Mike zu: »Die Kleine wäre eine Sünde wert. Und sterben würde sie davon auch nicht.«
Da schlägt sie die Augen auf und sagt: »Stimmt, ihr Süßen. Davon lebe ich sogar.«

*

Ein Gast im Urlaubshotel läutet nach dem Stubenmädchen Melanie. Als sie kommt, reißt er ihr die Kleider vom Leib, wirft sie auf das Bett, vergnügt sich mit ihr und schiebt sie danach wieder zur Tür hinaus.
Wundert sich Melanie später gegenüber einer Kollegin: »Und bis jetzt weiß ich immer noch nicht, warum er überhaupt geläutet hat.«

Es sagte Elvira an der Hotelbar zu ihrer Freundin:

»Die Männer machen uns nur betrunken, um uns schneller ins Bett kriegen zu können.«
»Genau! Und darauf laß uns noch einen heben!«

Bereits am dritten Urlaubstag erwischt die Ehefrau ihren Mann mit dem Zimmermädchen im Bett.
»Was tun Sie unverschämte Person hier?« schreit sie aufgeregt.
»Ich, ich... ich tue nur meine Arbeit«, stottert die Ertappte.
»Verschwinden Sie ganz schnell aus dem Bett!« befiehlt die Ehefrau. »Diese Arbeit erledige ich immer noch selbst.«

Aufgeregt ruft die junge Dame beim Hotelportier an: »Ein nackter Mann ist gerade in mein Zimmer eingedrungen und liegt in meinem Bett. Sorgen Sie dafür, daß wir die nächsten Stunden nicht gestört werden.«

*

Roland begegnet auf der Kurpromenade einer attraktiven Frau, als er mit Cornelia unterwegs ist. Er murmelt vor sich hin: »Das Mädchen kommt mir bekannt vor. Wenn ich nur wüßte, wo ich sie hinstecken soll.«
Faucht Cornelia: »Wohin du willst, aber nicht wieder in dein Bett.«

*

Ein Schneesturm führt eine englische Gräfin und einen deutschen Unternehmer in einer abgelegenen Skihütte in der Schweiz zusammen. Der Schneesturm tobt die ganze Nacht, und die beiden rücken sehr, sehr eng zusammen.
Monate später ist der Unternehmer geschäftlich in London und begegnet zufällig der Gräfin. Erfreut geht er auf sie zu, doch sie beachtet ihn kaum.
»Aber was ist denn los?« wundert sich der Deutsche. »Schließlich haben wir doch miteinander geschlafen, oder etwa nicht?«
»Gewiß«, stimmt die Gräfin zu, »wir haben miteinander im Bett gelegen, aber wir sind einander bis heute nicht vorgestellt worden.«

*

Im Himmelbett flüstert sie ihm ins Ohr: »Ich muß dir etwas gestehen: Ich bin gar kein Model auf Urlaub, sondern Zimmermädchen hier im Hotel.«
Gähnt er: »Macht nichts, ich bin ja auch kein Junggeselle.«

Sie liegen im Hotelbett und lieben sich. Danach fragt er:
»Liebling, kannst du schwören, daß ich der erste Mann in deinem Leben bin?«
»Aber ja doch, verdammt noch mal!« fährt sie ihn an.
»Warum bist du denn gleich so ungehalten?«
»Weil ihr blöden Männer immer die gleiche dämliche Frage stellen müßt.«

*

Sie haben sich in ihrer ersten Urlaubswoche so ausgetobt, daß sie beide völlig am Boden zerstört sind und deshalb einen Arzt aufsuchen.
Der Doktor untersucht sie und sagt: »Sie haben sich einfach überanstrengt, und ich rate Ihnen, in den nächsten drei Urlaubswochen Ihr eheliches Beisammensein auf die Wochentage mit einem ›r‹ zu beschränken.«
»Aber dann können wir ja nur am Donnerstag und Freitag miteinander ins Bett gehen«, gibt der Ehemann zu bedenken.
»Stimmt«, sagt der Arzt, »aber nur so werden Sie wieder richtig auf die Beine kommen.«
Die erste Woche halten sie sich an den Rat des Doktors, doch in der zweiten Woche wälzt die Frau sich ruhelos im Bett hin und her, und schließlich fragt er: »Was ist denn heute?«
»Heute ist Mirtwoch, mein Liebling!«

*

Sie verbringen ihren Urlaub in der Karibik. Es ist heiß und schwül, und er liegt völlig apathisch neben ihr im Bett.
Sie versucht alles, um ihn auf Touren zu bringen, aber es gelingt ihr nicht, und schließlich fragt sie ihn: »Und was jetzt, Liebling? Warten wir auf ein Erdbeben?«

Es sagt der Animateur im Feriendorf:

»Sie sollten während Ihres Urlaubs immer daran denken, daß es Momente im Bett gibt, wo man nicht schnell genug langsam machen kann!«

»Ich bin im letzten Augenblick einem Kind ausgewichen«

oder

Jugendliche Sexereien im Teenagerbett

Elkes Freund beschwert sich: »Immer, wenn ich mit dir im Bett liege und dir sage, wie sehr ich dich liebe, schlägst du die Augen nieder. Schämst du dich etwa?«

»Nein«, sagt sie, »ich sehe nur nach, ob es auch stimmt.«

*

Nachts hört der Vater seltsame Geräusche aus dem Zimmer seiner Tochter. Leise öffnet er die Tür und sieht, wie seine Älteste im Bett liegt und sich mit einer Gurke befriedigt.

Am nächsten Morgen betritt der Vater das Eßzimmer, in dem die Familie am Frühstückstisch sitzt, und zieht eine Gurke an einem Bindfaden hinter sich her.

Fragt seine Frau: »Bist du jetzt verrückt geworden?«

»Keineswegs, ich zeige nur unserem Schwiegersohn die Wohnung.«

Sie sagte, als sie morgens aus Rolands Bett kletterte:

»Ich habe es mir überlegt. Wir wollen lieber doch nur gute Freunde sein...«

Sie sitzen nebeneinander im Wohnzimmer, und sie sagt: »Ich habe das Gefühl, du willst mich pimpern.«

Er: »Nein. Heute läuft gar nichts.«

Nach einer Weile sagt sie: »Ich habe immer noch das Gefühl, daß du mich pimpern willst.«

Er: »Nein, ganz bestimmt nicht!«

Eine halbe Stunde später ist immer noch nichts passiert, und sie sagt: »Jetzt geh doch mit mir ins Bett und pimpere mich, damit ich endlich das blöde Gefühl loswerde.«

Marion liegt neben ihm im Bett und sagt: »Ich hatte dir doch eine richtige Überraschung versprochen, Marco.«
»Und was ist es?«
»Ich nehme schon seit Wochen die Pille nicht mehr.«

*

Herr Schnick kommt früher als gewöhnlich nach Hause und betritt ahnungslos das Zimmer seiner Tochter, die zusammen mit einem jungen Mann in ihrem Bett liegt.
»Was geht hier vor?« brüllt Schnick.
»Ihre Uhr, Herr Schnick«, klärt ihn der Jüngling auf.

*

Gesine kommt heulend nach Hause.
»Was hast du denn?« erkundigt sich ihre Mutter.
»Ach, ich habe nur das gemacht, was du mir schon lange geraten hast«, beschwert sich Gesine. »Als mein neuer Freund mit mir im Bett lag und zärtlich werden wollte, habe ich ihm gesagt, daß ein Paar noch viel mehr Spaß haben kann, wenn es verheiratet ist.«
»Und?«
»Da ist er aus dem Bett gekrochen und nach Hause zu seiner Frau gegangen«, schluchzt die Tochter.

*

Frau Aschenbrenner erwischt ihre Tochter mit einem Mann im Bett, und zwar in einer ganz unglaublichen Stellung, und sie sagt empört: »Nie im Leben habe ich mich zu einer solchen Schweinerei hergegeben.«
»Vielleicht ist es auch besser«, meint die Tochter. »Möglicherweise hätte es dir so gut gefallen, daß du nichts anderes mehr gewollt hättest. Und dann gäbe es mich heute nicht.«

34

Die Mutter überrascht die Tochter im Bett mit einem jungen Mann. Sie befiehlt: »Gunda, steh sofort auf!«
»Nein, Mutti, du kommst erst dran, wenn ich fertig bin.«

*

Alexander holt seine neue Freundin von zu Hause ab. Besorgt schaut der Vater zu, wie die beiden in Alexanders Wagen steigen. Der junge Mann winkt dem Vater zu und ruft: »Keine Sorge, ich verspreche Ihnen, daß Ihre Tochter rechtzeitig ins Bett kommt.«

*

»Junger Mann«, sagt der Vater, »es ist erst acht Uhr abends, und schon entdecke ich Sie im Bett meiner Tochter. Wie können Sie mir das erklären?«
»Ganz einfach: Wir haben zu dritt gewürfelt, und da ist die erste Schicht bei Ihrer Kleinen auf mich gefallen.«

Es fragte die Schwester:

»Wann bist du das letztemal mit einem Mann im Bett gelegen?«
»Laß mich kurz nachdenken: Übermorgen werden es zwei Tage.«

Er kommt langsam wieder zu Atem und sagt zu dem Girl, das neben ihm im Bett liegt: »Und stell dir vor, ich habe keinerlei Nachhilfeunterricht gehabt.«
Sagt sie ironisch: »Nett von dir, daß du wenigstens nicht anderen die Schuld gibst.«

Erstmalig durfte der Sohn eine Spätvorstellung im Kino allein besuchen. Der Film ist um Mitternacht zu Ende, aber der Sohn kommt erst nach drei Uhr morgens nach Hause.

Am nächsten Tag will sein Vater genau wissen, was er in der Zeit gemacht hat.

»Im Kino saß neben mir ein Mädchen«, berichtet der Sohn, »das mich anschließend zu einer Tasse Kaffee eingeladen hat.«

»Und weiter?«

»Danach sind wir ins Bett gegangen und haben etwas gemacht. Ich weiß nicht, wie man es nennt, aber ich bin sicher, es könnte einmal mein Hobby werden.«

Sie berichtete ihrer Freundin:

»Da hielt doch gestern so ein aufdringlicher Kerl in einem Sportwagen neben mir und wollte mich unbedingt abschleppen. So eine Frechheit! Aber eines muß man ihm lassen: Er hat eine schicke Wohnung und ein ganz raffiniertes Wasserbett.«

Ermahnt der Vater die Tochter: »Wenn Raimund mit dir ins Bett gehen will, dann sag ihm kräftig die Meinung!«

»Deine oder meine, Paps?«

*

»Meine Tochter muß jeden Abend spätestens um elf im Bett liegen.«

»Und? Hält sie das ein?«

»Die Zeit schon, aber die Adresse stimmt nicht immer.«

37

Die Achtzehnjährige sagt zu ihrer Freundin: »Ich glaube, meine Mutter hat noch nie einen Penis gesehen.«

»Das gibt es doch nicht!«

»Doch, als ich nämlich gestern mit Rüdiger im Bett lag, kam sie zufällig ins Zimmer und rief: ›Aber Kind, was ist denn bloß in dich gefahren?‹«

Es fragte der schüchterne Junge:

»Bin ich der erste Mann, den du in dein Bett läßt?«
»Klar. Und der netteste von allen.«

Sie beschwert sich: »Steffen, jetzt liegst du schon über zwei Stunden mit mir im Bett, aber ich muß dir sagen, daß du wirklich kein guter Liebhaber bist.«

»Dafür habe ich aber einen hervorragenden Sportsgeist.«

»Was soll das denn schon wieder heißen?«

»Meine Devise lautet: Dabeisein ist alles!«

*

»Brüllt dein Freund auch immer wie ein Löwe, wenn du ihn ins Bett zerren willst?«

»Keine Ahnung. Ich bin noch nie mit einem Löwen im Bett gewesen.«

*

Sie gehen zusammen ins Bett, und sie fragt ihn: »Bist du abergläubisch?«

»Nein! Aber wieso denn?«

»Weil mir gerade einfällt, daß du in dieser Woche der dreizehnte Mann bist, der mit mir schläft.«

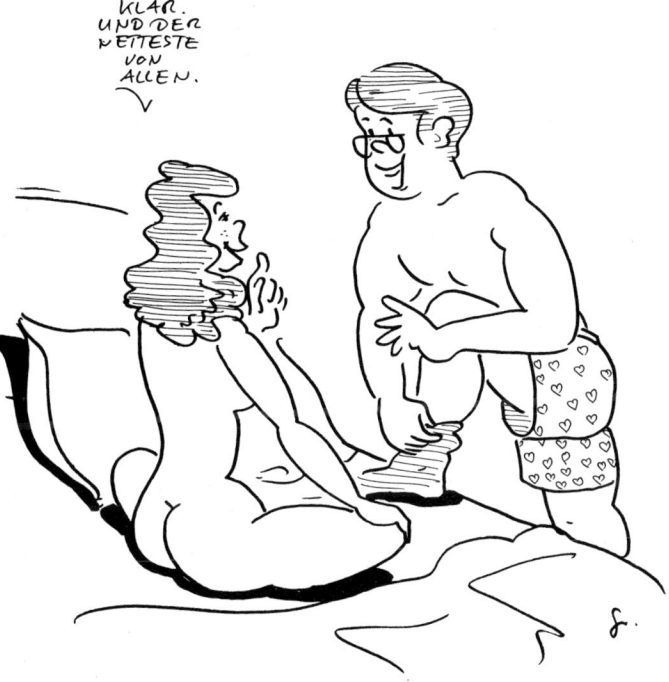

»Mit einem Glas Wein fängt es an«, erklärt die Mutter ihrer Tochter und fährt fort: »Danach wird getanzt, noch ein Glas getrunken, dann lockt dich der Mann unter irgendeinem Vorwand zu sich nach Hause. Und schließlich bist du entehrt, dein Vater ist entehrt, deine Mutter ist entehrt.«
Sehr spät in der Nacht kommt die Tochter heim. Ungeduldig warten die Eltern auf ihren Bericht.
»Also«, erzählt die Tochter, »wir haben getanzt und Champagner getrunken, und schließlich wollte er mir seine Videokassettensammlung zeigen.«
Bleich, aber gefaßt fragen die Eltern: »Und dann, was war dann?«
»Dann habe ich ihn auf das Bett geworfen. Und jetzt ist er entehrt, sein Vater ist entehrt, seine Mutter ist...«

Sie klagte ihrer Freundin:

»Ich habe schreckliche Kopfschmerzen in den letzten Wochen.«
»Du liegst mit zu vielen Wissenschaftlern im Bett.«

Er liegt neben ihr im Bett und schmachtet sie an: »Sag mir doch die drei Worte, die Liebende für immer aneinander binden.«
»Kannst du haben«, sagt sie kühl: »Ich bin schwanger.«

*

Die Mutter ertappt ihre Tochter mit einem Mann im Bett.
Beruhigend sagt die junge Dame: »Reg dich nicht auf, Mutti, ich weiß ja nicht mal, wie er heißt. Es ist also nicht ernst.«

»Brigitte«, sagt die Großmutter vorwurfsvoll zu ihrer Enkelin, »so kann es nicht weitergehen.«
»Was denn?«
»Daß du deinen Eltern so viele schlaflose Nächte bereitest.«
»Das kann nicht sein, Omi. Ich bin doch kaum eine Nacht zu Hause in meinem Bett.«

*

»Na, wie war denn der erste Abend mit deiner neuen Freundin?«
»Sehr enttäuschend. Wir hörten eine tolle CD, tranken Sekt, dann zog sie sich aus, löschte das Licht und legte sich ins Bett. Da habe ich natürlich gemerkt, daß sie müde ist, und bin gegangen.«

*

Frau Hempel stürzt aus allen Wolken, als sie in das Zimmer ihres Sohnes kommt und sieht, daß er mit einem Mädchen im Bett liegt. Sie berichtet es ihrem Mann, der sie jedoch beruhigt: »Immerhin ist unser Junge schon fast dreißig Jahre alt.«
Ärgert sie sich: »Du verstehst wirklich nichts. Das eine führt zum anderen. Jetzt wird er sicherlich auch bald mit dem Rauchen anfangen.«

*

»Jutta, kommst du mit mir nach Hause, CDs hören?« fragt er seine neue Discofreundin.
Will sie wissen: »Und du versprichst mir, daß wir wirklich neue Scheiben hören?«
»Klar, versprochen.«
»Und was ist, wenn mir keine CD gefällt?«
»Na, dann steigst du wieder aus dem Bett, ziehst deine Klamotten an und haust ab.«

Sie liegen nebeneinander im Bett, und er fragt: »Woran denkst du?«
»An das gleiche wie du«, flötet sie zurück.
»Prima, dann mach mir auch eines. Aber bitte mit Schinken.«

*

Doris erwischt ihren Freund mit einem anderen Mädchen im Bett und sagt: »Pfui, Felix, du bist durch und durch schlecht!«
Stöhnt die junge Dame unter ihm: »Stimmt nicht! Er ist durch und durch gut.«

Sie seufzte in seinen Armen:

»Sei bitte vorsichtig, ich habe noch nie mit einem Mann im Bett gelegen.«
Sagte er grinsend: »Ich auch nicht.«

»Was, dein neuer Freund heißt ›Fisch‹?« wundert sich die Freundin. »Ist er denn im Bett auch so kalt wie ein Fisch?«
»Nein, im Bett nenne ich ihn sogar ›mein kleiner Stichling‹.«

*

Susannes Mutter ist hell empört: »Ich habe gehört, daß Mike bei dir im Bett gelegen hat. Ich mache mir ernsthaft Sorgen, mein Kind.«
»Brauchst du nicht, Mutti. Ich war ja mit Mike in seinem Bett. Also soll seine Mutter sich die Sorgen machen.«

Er liegt mit seiner neuen Freundin im Bett. Um sie in romantische Stimmung zu bringen, hat er eine heiße CD aufgelegt, aber plötzlich knackt es in den Boxen.
»Laß mich einen Augenblick raus«, bittet er. »Ich muß schnell das Dolby einschalten.«
»Ist nicht nötig«, sagt sie. »Ich nehme doch die Pille.«

Es fragte die Mutter:

»Warst du auch artig gestern abend?«
»Und wie! Wenn ich Reinhards Worten glauben darf, war ich im Bett sogar großartig.«

Der Vater klopft an die verschlossene Zimmertür seines Sohnes und fragt: »Was ist los? Warum läßt du mich nicht rein?«
»Im Moment paßt es mir nicht«, antwortet der Sohn. »Ich liege mit einem Mädchen im Bett.«
»Schon gut«, sagt der Vater. »Aber rauche nicht wieder; dazu bist du noch viel zu jung.«

*

Er fragt sie in der Disco unverblümt: »Würdest du es ablehnen, nachher mit mir ins Bett zu gehen?«
Sie schaut ihn groß an und meint: »Das habe ich noch nie getan.«
Fragt er erstaunt: »Du bist noch nie mit einem Mann ins Bett gegangen?«
»Blödsinn! Ich habe noch nie abgelehnt.«

Wütend erzählt sie ihrer Freundin, daß sie mit Michael Schluß gemacht hat: »Stell dir vor, er hat gesagt, ich sei nicht gut im Bett. Ich möchte nur wissen, wie der Kerl das nach nur zwanzig Sekunden feststellen wollte.«

*

Sie ist beim temperamentvollen Liebesspiel aus dem Bett gefallen und hat sich einen Arm gebrochen.
Auf die Frage ihres Arztes, wie das denn passiert sei, sagt sie: »Das war ein Verkehrsunfall. Ich bin im letzten Augenblick einem Kind ausgewichen.«

*

Sie haben einen Fernseher neben dem Bett stehen, und die Ansagerin meint: »Ich wünsche Ihnen einen guten Empfang.«
Schreckt sie hoch und jammert: »Mein Gott, ich habe vergessen, die Pille einzunehmen.«

*

Fragt sie ihre Schulfreundin: »Mit wem gehst du lieber ins Bett, mit einem alten oder einem jungen Mann?«
»Das ist mir völlig gleichgültig. Der alte braucht zwei Stunden – und der junge will zwei Stunden.«

*

»Schrecklich!« heult Isolde. »Gestern lag plötzlich ein Mann in meinem Bett und hat mich dreimal vergewaltigt.«
»Aber du hast doch eine Pistole unter deinem Kopfkissen!«
»Die hat er glücklicherweise nicht gefunden.«

»Stell dir vor, schon am ersten Abend lädt mich Franz zu sich ein, um eine ganz tolle neue CD zu hören.«
»Und wie war sie?«
»Kann ich dir nicht sagen. Sein Bett knarrt nämlich so laut, daß man von der Musik überhaupt nichts mitbekommt.«

*

Die kleine Schwester überrascht die große Schwester, als sie mit ihrem Freund im Bett liegt, und fragt: »Was macht ihr denn da?«
»Nichts!« keucht der Freund und läßt sich nicht unterbrechen.
Staunt die kleine Schwester: »Und woran merkt ihr denn dann, daß ihr fertig seid?«

*

Tobt der Vater: »Junger Mann, was soll ich denn bloß davon halten, daß Sie jetzt immer öfter die Nächte im Bett meiner Tochter verbringen?«
»Was Sie davon halten«, sagt der junge Mann lächelnd, »weiß ich natürlich nicht, aber ich halte enorm viel davon.«

*

»Nimmst du wirklich nicht die Pille?« fragt die Freundin.
»Brauche ich nicht.«
»Und warum nicht?«
»Meine Mutter hat mir gesagt, daß man nur dann ein Kind bekommt, wenn Mann und Frau sich richtig liebhaben. Und deshalb gehe ich nur mit Männern ins Bett, die ich nicht ausstehen kann.«

»Bin ich wirklich der erste Mann, den du geliebt hast?«
fragt er, als er neben ihr im Bett liegt.
Sie knipst die Nachttischlampe an, betrachtet ihn einge-
hend und sagt: »Ich weiß es nicht genau, aber es könnte
schon sein.«

Es sagte der weise Opa zu seiner Enkelin:

»Die Liebe ist eine ansteckende Krankheit, bei der
gleich zwei ins Bett müssen.«

»Dieser Elmar ist ein Lump«, erzählt Janine ihrer Freundin
Anke. »Kaum waren wir in meinem Zimmer, hat er mich
auf das Bett geworfen und...«
Unterbricht sie Anke: »Hast du denn nicht um Hilfe geru-
fen?«
»Konnte ich nicht. Im Nebenzimmer schliefen doch meine
Eltern.«

»Unsere Jungfrau liegt gerade mit
einem anderen Kunden in der Falle«

oder

Turbulenzen im Lotterbett

»Meine Frau ist eine Hure«, sagt Hein.

»Stimmt«, sagt Fred. »Und ich mußte gestern dreihundert Mark blechen, damit sie mit mir ins Bett gegangen ist. Deshalb verstehe ich überhaupt nicht, wie deine Ehe mit ihr funktioniert.«

»Aber da gibt es doch überhaupt kein Problem.«

»Wieso?«

»Mit mir schläft sie immer gratis.«

*

Er unterhält sich mit der Klassefrau, die neben ihm an der Bar sitzt. Dabei stellt sich heraus, daß sie studiert und ihren Doktor gemacht hat, drei Fremdsprachen spricht und mehr von Politik und Kunst versteht als er. Deshalb ist er sehr verwundert, als sie ihm zu verstehen gibt, daß sie sich seinem eventuellen Wunsch, mit ihr ins Bett zu gehen, keineswegs abgeneigt zeigen würde.

Er folgt ihr in ihre Wohnung, und bevor sie das Schlafzimmer betreten, sagt sie ihm, daß sie ein großzügiges Geldgeschenk erwartet. Da fällt er aus allen Wolken und fragt verdutzt: »Aber, meine Gnädigste, wie kamen Sie denn bei Ihrem Können und Ihren Fähigkeiten darauf, gerade diesen Beruf auszuüben?«

»Durch einen überaus glücklichen Zufall, mein Lieber.«

*

Sie will sich nicht rumkriegen lassen, und er sagt vorwurfsvoll: »Stell dich nicht so an! Es ist doch lachhaft, daß du nur deshalb nicht mit mir ins Bett gehen willst, weil du kein Blatt Papier hast, auf dem steht, daß wir verheiratet sind.«

»Blödsinn!« widerspricht sie. »Mir würde schon ein Stück Papier genügen, auf dem ›ZWEIHUNDERT DEUTSCHE MARK‹ steht.«

Drei Callgirls unterhalten sich, und das erste sagt: »Wenn
ich viel Geld hätte, würde ich mir eine Boutique kaufen.«
»Ich würde mir einen tollen Sportwagen zulegen«, sagt
die zweite.
Meint die dritte: »Wenn ich reich wäre, würde ich nur
noch allein ins Bett gehen.«

*

Sie ist mit dem Freier handelseinig geworden und bereit,
mit ihm ins Bett zu gehen. Er zieht sich aus, sie betrachtet
ihn und sagt: »Ich bekomme noch zusätzlich hundert
Mark.«
»Wofür?« will er wissen.
»Finderlohn«, sagt sie.

Es sagte der Arzt zum Callgirl:

»Sie sind völlig überarbeitet. Ich rate Ihnen: Bleiben
Sie mal für eine Woche aus dem Bett!«

Die Geschäfte gehen schlecht, und deshalb ist sie bereit,
die ganze Nacht mit ihm für fünfhundert Mark zu verbringen. Er hat jedoch noch eine Bedingung: völlige Dunkel-
heit und kein Gespräch. Auch damit ist sie einverstanden
und beweist sich in den nächsten Stunden als raffinierter
Betthase. Als es aber bereits langsam hell wird, sagt sie
schließlich: »Enzio, nun hör doch endlich auf. Du bist
wirklich unersättlich, aber ich kann einfach nicht mehr.«
»Was heißt hier Enzio?« wundert er sich. »Der sitzt doch
seit Stunden vor deiner Wohnungstür und kassiert alle
halbe Stunde für eine neue Bettkarte.«

Sie ist eine Granate im Bett, und die Nummer, die sie mit ihm abzieht, ist sensationell. Als er zahlen will, sagt sie lächelnd: »Aber nicht doch, du warst so gut, daß du dir sogar einen Hunderter verdient hast.«

Am nächsten Tag ist er wieder da. Madame geleitet ihn in ein Zimmer, in dem bereits eine phantastische Rothaarige nackt im Bett auf ihn wartet. Auch diesmal muß er keine müde Mark bezahlen, sondern erhält sogar zweihundert Mark.

Nach dem dritten Besuch verlangt die Blondine fünfhundert Mark von ihm.

»War ich heute so schlecht«, wundert er sich, »daß ich zahlen muß?«

»Keineswegs«, sagt sie, »aber heute wurde aus einem anderen Zimmer für das Satellitenfernsehen übertragen.«

Es sagte das Girlie:

»Nein, nein, so eine bin ich nicht – und außerdem ist ein Fünfziger viel zu wenig, um mich ins Bett zu kriegen.«

Er erscheint in seiner Galauniform im Eros-Center und vergnügt sich fast zwei Stunden lang im Bett mit einer rassigen Zwanzigjährigen.

Als er sich wieder angezogen hat und sich verabschieden will, sagt sie zu ihm: »Hast du nicht eine Kleinigkeit vergessen?«

»Was denn?«

»Na, die Bezahlung.«

»Keineswegs«, sagt er, »ein General nimmt kein Geld von einer Dame.«

Im Eros-Center erscheint ein Kerl und verlangt: »Ich möchte gern mit einer Jungfrau ins Bett.«
Sagt die Puffmutter: »Einen Augenblick bitte noch. Unsere Jungfrau liegt gerade mit einem anderen Kunden in der Falle.«

*

Sie sitzt neben ihm an der Bar, und er sagt zu ihr: »Ich würde gern mit Ihnen ins Bett gehen.«
»Nichts dagegen«, sagt sie, »aber bedenken Sie, daß ich ein Freudenmädchen bin.«
»Prima«, antwortet er, »ich bin auch kein Kind von Traurigkeit. Also lachen wir zusammen.«

Es sagte der letzte Freier:

»Es muß schon schlimm sein für dich, jetzt aufstehen zu müssen, um endlich ins Bett zu kommen.«

»Herr Vorsitzender«, beteuert die Angeklagte vor Gericht, »ich bin unschuldig. In der Nacht, als das Verbrechen geschah, lag ich friedlich im Bett. Und ich habe sechs Zeugen, die das jederzeit beeiden können.«

*

In einem Eros-Center werden Betten angeliefert. Zwei Träger keuchen mit einem Bett die Treppe hoch, und der Hintermann sagt zu seinem Kollegen: »Du, Jochen, das sind wirklich Möbel, bei denen man das Geld leichter darauf verdient als darunter.«

»Was bilden Sie sich ein«, faucht ihn die Barnachbarin an, »ich bin nicht so eine, die mit einem Wildfremden sofort ins Bett geht – aber für hundert Mark können wir ganz schnell gute Freunde werden.«

*

Wundert sich die Kollegin: »Du gähnst ja dauernd, Brigitte. Du bist wohl letzte Nacht nicht ins Bett gekommen?« »Doch, und zwar siebenmal.«

Es sagte die Stripperin zum Barkeeper:

»Mensch, bin ich mude. Wenn ich nach Hause komme, ziehe ich mir etwas an und gehe sofort ins Bett.«

Er ist ein Stammfreier, und sie ist im Bett immer besonders nett zu ihm. Sie weiß aber auch, daß er sehr knausrig ist, und erwähnt deshalb ganz beiläufig: »Weißt du eigentlich, daß in der letzten Zeit alles teurer geworden ist: die Miete, die Stromrechnung, die Kleidung...«
Staunt er: »Was, Klamotten brauchst du auch?«

*

Das Eros-Center brennt, und die Feuerwehrleute versuchen zu retten, was noch zu retten ist. Als zwei von ihnen ein Bett unversehrt ins Freie bringen, freut sich die Chefin und meint: »Wenigstens eine Werkbank habt ihr noch retten können.«

Sie liegt krank im Bett und bittet deshalb eine Strichkollegin: »Kannst du mir einen Tausender so lange leihen, bis ich wieder auf dem Rücken bin?«

*

Als der Stammfreier bereits nach der ersten Nummer aus dem Bett steigt, fragt sie: »Was, du willst schon gehen?« »Ja, leider, aber heute ist Wochenende, und da muß ich noch etwas für meine Frau aufheben.«

»Stets zu Ihren Diensten,
gnädiger Herr«

oder

Freundvolle Stunden
im Dienstmädchenbett

»Ist dein Chef auch immer so schlecht gelaunt und grob am frühen Morgen?« fragt sie ihre Kollegin.
»Ganz und gar nicht. Oft bringt er mir sogar das Frühstück ans Bett.«

*

Er kommt nach Hause und entdeckt, daß sein Stammtischkumpel neben seiner Frau im Bett liegt. Wütend fährt er ihn an: »Wenn ich dich noch einmal mit meiner Frau erwische, dann kannst du sie behalten!«

*

»Stell dir vor, als ich gestern heimkam, lag unser neues Dienstmädchen in meinem Bett.«
»Und was hast du gemacht?«
»Ich habe in einem Hotel übernachtet. Was hättest du wohl sonst an meiner Stelle getan?«
»Das gleiche natürlich – du verdammter Lügner!«

*

Er bleibt neben dem Schreibtisch einer Kollegin stehen, beugt sich nach unten und flüstert ihr ins Ohr: »Wollen Sie nicht einmal mit mir ins Bett gehen?«
Fährt sie ihn an: »Wer sagt Ihnen denn, daß ich so leicht zu haben bin?«
»Das ganze Büro.«

*

Er erwischt seine Frau zusammen mit seinem Chef im Bett, er tobt, und sie sieht ihn an und meint lächelnd: »Warum regst du dich denn so auf? Du wolltest deinen Chef doch schon immer mal aufs Kreuz legen, und ich habe dir nur die Arbeit abgenommen.«

Der neu eingestellte Butler ist von schwarzer Hautfarbe, und vier Wochen nachdem er seine Arbeit aufgenommen hat, sagt die Frau des Hauses zu ihrem Mann: »Ich glaube, dein Butler betrügt dich.«

»Das glaube ich nicht.«

»Du wirst schon noch sehen«, meint sie.

Als er abends nach Hause kommt, liegt seine Frau mit dem Butler im Bett.

Schreit er: »Das ist ja Betrug!«

»Du wolltest es ja nicht glauben«, sagt sie, »aber jetzt siehst du es schwarz auf weiß.«

Es sagte der Gärtner:

»Eine Minna im Bett ist immer noch besser als eine gnädige Frau auf dem Dach.«

Das bildschöne Dienstmädchen liegt im Bett, und die gnädige Frau holt einen Arzt. Er untersucht die Kleine, kann aber nichts feststellen. Das sagt er ihr, und sie antwortet ihm: »Ich bin überhaupt nicht krank, aber die Gnädige schuldet mir den Lohn für drei Monate, und ich stehe nicht eher auf, bis ich mein Geld erhalten habe.«

Sagt der Doktor: »Rücken Sie mal etwas zur Seite, damit ich mich neben Sie ins Bett legen kann. Mir schuldet sie nämlich noch das Honorar für die letzten fünf Hausbesuche.«

*

Er erwischt seine Frau mit dem Gärtner im Bett. Beruhigt sie ihn: »Nicht, was du annimmst, Liebling. Wir haben nur unsere Blinddarmnarben verglichen.«

»Friederike, legen Sie bitte meinem Mann heute abend eine Flasche ins Bett. Er ist erkältet«, sagt sie zum Hausmädchen.
»Whisky oder Cognac, gnädige Frau?«

*

Der Herr Baron sagt zum Dienstmädchen: »Sagen Sie mir Bescheid, wenn Sie schlafen gehen. Ich habe abends Gäste, und vielleicht brauchen wir noch etwas.«
Als sich nach dem Essen die Gäste unterhalten, öffnet das Dienstmädchen die Tür und sagt laut und vernehmlich: »Herr Baron, ich gehe jetzt schon mal ins Bett. Wenn Sie etwas brauchen, wissen Sie ja, wo Sie mich finden.«

*

Sie kann die Frechheiten ihres Dienstmädchens nicht mehr ertragen und entläßt die junge Frau. Daraufhin zischt die Perle: »Ihr Mann hält mich für eine bessere Köchin und Hausfrau, als Sie es sind. Das hat er mir selbst gesagt!«
Die Gnädige reagiert nicht, und das Dienstmädchen fügt hinzu: »Außerdem bin ich im Bett besser als Sie.«
»Ich vermute, auch das hat Ihnen mein Mann gesagt?«
»Nein, der Chauffeur.«

*

»Das ist wirklich allerhand«, entrüstet sich die Hausherrin. »Gestern haben Sie mir versprochen, Ihr Verhältnis mit meinem Mann abzubrechen, und heute liegen Sie schon wieder mit ihm im Bett.«
»Ja, wissen Sie«, antwortet das Dienstmädchen, »ich habe zwar gestern mit ihm Schluß gemacht, aber er besteht auf einer sechswöchigen Kündigungsfrist.«

Er kommt unverhofft nach Hause und findet seine Frau mit dem Gärtner im Bett.

»Hast du vergessen, daß du verheiratet bist?« brüllt er sie an.

»Das habe ich gern«, mault sie zurück, »mich jetzt daran zu erinnern, wo es zu spät ist.«

*

Der Bischof findet im Schlafzimmer eines Dorfpfarrers ein Doppelbett vor, das durch ein Brett geteilt ist.

Erklärt der Pfarrer: »Ich schlafe links, meine Köchin rechts.«

Entsetzt fragt der Bischof: »Und wenn nun die Versuchung über Sie kommt?«

»Dann, Eminenz«, bekennt der Pfarrer, »nehmen wir das Brett weg.«

Es fragte die Gnädige:

»Warum haben Sie mir denn gleich zwei Wärmflaschen ins Bett gelegt, Minna?«
»Weil die eine leck ist.«

Die Hausherrin hat festgestellt, daß ihr Mädchen öfter männlichen Besuch erhält. Streng sagt sie: »Ich verbiete Ihnen, Ihren Liebhaber in Zukunft in der Küche zu empfangen.«

»Gnädige Frau sind aber zu gütig«, bedankt sich das Mädchen, »denn in meinem Bett ist es wirklich viel bequemer.«

»Warum hat dich der Chef entlassen?«

»Weil ich während der Arbeitszeit geschlafen habe.«

»Das tun doch viele.«

»Aber ich lag mit seiner Frau im Bett.«

*

»Nun, bist du auch brav gewesen?« fragt der von einer längeren Geschäftsreise zurückgekommene Geschäftsmann aus Berlin seine siebzehnjährige Tochter. »Und bist du auch immer brav ins Bett gegangen?«

»Ja, Paps. Und montags und mittwochs hat der Chauffeur bei mich geschlafen.«

»Bei mir«, berichtigt die Mutter.

»Nein, Mami, bei dich hat er am Dienstag und Freitag im Bett gelegen.«

*

»Wie sind Sie denn mit Ihrem neuen Diener zufrieden, Frau Generaldirektor?«

»Nachts im Bett ist er ganz gut, aber ich weiß nicht so recht, womit ich ihn tagsüber beschäftigen soll.«

Es sagte der Butler:

»Eine hübsche Zofe kann einer Gräfin verdammt graflose Nächte im Bett bereiten.«

Der Hausherr entdeckt das Mädchen mit einem Mann im Bett und schimpft: »Mit dem Briefträger wäre es mir egal, meine Liebe, aber nicht mit dem Installateur, der kostet mich nämlich fast hundert Mark die Stunde.«

»Waren Sie gestern abend im Theater?« fragt der Professor seine Haushälterin.
»Nein, ich bin gleich ins Bett gegangen.«
»Aha«, sagt der Professor, »und war es wenigstens gut besucht?«

*

Deprimiert sagt die gnädige Frau zu ihrem Dienstmädchen: »Ich habe heute herausgefunden, daß mein Mann mit seiner Sekretärin ins Bett geht.«
Das Mädchen schüttelt den Kopf und sagt: »Ich glaube, Sie wollen mich nur eifersüchtig machen.«

Es fragte der Hausherr die Perle:

»Wenn ich mit Ihnen ins Bett gehe – schreien Sie dann?«
»Heute nicht. Ich bin noch ganz heiser von gestern.«

Sagt der Diener Johann morgens: »Aber Herr Graf liegen ja verkehrt herum im Bett.«
»Gott sei Dank«, freut sich der Graf, »dann tun mir nur die Füße weh. Und ich dachte schon, ich hätte Kopfschmerzen.«

*

Fragt der Chef die bildhübsche Bewerberin: »Warum haben Sie keinen Lebenslauf eingereicht?«
»Ach«, erwidert sie lächelnd, »ich dachte, ich könnte Ihnen das alles heute abend bei einem Glas Wein oder anschließend im Bett erzählen.«

Das Telefon klingelt, und das neue Dienstmädchen hebt ab. »Sagen Sie der gnädigen Frau, sie soll ruhig schon ins Bett gehen, ich komme erst später«, bittet der Ehemann. »Ich werde es ausrichten«, sagt das Mädchen. »Und mit wem habe ich gesprochen?«

*

Sie erwischt ihren Mann im Bett des Dienstmädchens und will wissen: »Was tun Sie mit meinem Mann?« »Wenn Sie das nicht wissen, wundert es mich nicht, daß Ihr Mann lieber bei mir als bei Ihnen im Bett liegt.«

*

Das Dienstmädchen wird von der Frau des Hauses am Abendbrottisch ins Verhör genommen: »Sie sind jetzt zwei Monate bei uns – wen haben Sie denn am liebsten?« »Den Hund«, erwidert das Mädchen. »Und danach?« »Die Kinder.« Schaltet sich der Hausherr ein und will wissen: »Und wann komme ich?« »Wie Sie wissen, meist nach Mitternacht, wenn die gnädige Frau längst im Bett liegt und fest schläft.«

*

Das neue Dienstmädchen fühlt sich offensichtlich nicht wohl, und die Hausherrin bittet: »Sagen Sie mir doch, was Ihnen fehlt.« »Ich kann wegen des Spruches über meinem Bett keine Nacht richtig schlafen.« »Was hängt denn über Ihrem Bett für ein Spruch?« »Er lautet: ›Sei wachsam und harre des Herrn, der jederzeit zu dir kommen kann.‹«

Die gnädige Frau hat den Verdacht, daß ihr Mann sie mit dem Dienstmädchen betrügt. Unter einem Vorwand gibt sie dem Mädchen über Nacht frei, legt sich in das Bett der Minna, löscht das Licht und wartet. Nach Mitternacht tappt jemand ins Zimmer, legt sich neben sie ins Bett und beginnt ein tolles Vorspiel. Er treibt es mit ihr so wild, wie sie es noch nie erlebt hat. Als alles vorbei ist, knipst sie die Nachttischlampe an und sagt triumphierend: »Das hättest du nicht gedacht, du Schuft!«

»Das kann man wohl sagen, gnädige Frau«, stammelt der Gärtner.

Es sagte der Lord zu seinem Butler:

»James, meine Frau haßt kalte Füße. Wenn Sie nachher mit ihr schlafen, nehmen Sie eine Wärmflasche mit ins Bett.«

Beim Bettenmachen findet das Dienstmädchen im Bett des Hausherrn einen Gummi. Die gnädige Frau kommt zufällig ins Zimmer, sieht das erstaunte Gesicht des Mädchens und fragt: »Machen Sie denn so etwas nie?«

»Doch, aber nicht, bis die Haut abgeht.«

*

»Minna, stimmt es wirklich, daß Sie mit meinem Mann im Bett gelegen haben, als ich verreist war?«

»Ja, gnädige Frau.«

»Was haben Sie ihm gesagt, als er Sie darum gebeten hat?«

»Stets zu Ihren Diensten, gnädiger Herr.«

Die Frau des Direktors kommt unverhofft in das Büro und findet ihren Mann in eindeutiger Situation mit seiner Sekretärin auf der Couch vor.

»Gehen Sie doch gleich mit meinem Mann ins Bett!« entrüstet sie sich.

Antwortet ihr die Sekretärin schnippisch: »Nicht nötig, Ihr Mann hat sich inzwischen so an unsere Couch gewöhnt.«

*

Die Ehefrau kommt früher als erwartet nach Hause und findet das Hausmädchen splitternackt im Ehebett liegend vor.

»Was machen Sie denn da?« tobt sie.

»Ich bin tot.«

»Wieso?«

»Der Herr hat mich zu sich genommen.«

Es sagte das neue Dienstmädchen zum Hausherrn:

»Die meisten Männer wollen immer nur mit mir ins Bett gehen – ich hoffe, Sie machen da keine Ausnahme.«

Das neue Dienstmädchen hat die Arbeit aufgenommen. Am Abend kommt die Frau des Hauses erst spät heim und erkundigt sich: »Haben Sie alle ins Bett gebracht?«

»Alle liegen im Bett, aber der Rothaarige hat Ärger gemacht und wollte sich nicht ausziehen lassen.«

»Der Rothaarige? Das ist doch mein Mann!«

Er hat eine tüchtige Haushälterin gefunden, und als er an ihrem ersten Arbeitstag spätabends heimkommt, findet er auf dem Küchentisch einen Zettel vor, auf dem steht: *Ihr Abendessen ist im Kühlschrank, und wenn Sie sonst noch etwas wollen – ich liege im Bett.*

Er sagte zum Kollegen:

»Unser Chef ist schon sehr großzügig. Immer wenn er mit meiner Frau ins Bett geht, gibt er ihr zweihundert Mark. Dabei macht sie es auch umsonst. Von mir verlangt sie jedenfalls nie etwas.«

Direktor Bernsdorf hat geschäftlich in Hamburg zu tun und besucht zum Abschluß des Tages zusammen mit seinem Chauffeur St. Pauli.
Als sie später im Wagen sitzen und nach Hause fahren, sagt der Direktor: »Nun, wir haben eine Stripperin vernascht und mit dieser Blondine geschlafen, aber man kann sagen, was man will, meine Frau ist im Bett wirklich viel besser.«
Nickt der Chauffeur und meint: »Viel, viel besser, Herr Direktor.«

*

Fritzchen schaut durch das Schlüsselloch in das Dienstmädchenzimmer. Ermahnt ihn die Mutter: »Das macht man nicht. Uns geht es nichts an, was Minna in ihrem Bett tut.«
»Mami, die Minna tut ja gar nichts, nur der Papi bewegt sich wie wild.«

»Johann«, sagt der Graf, als er seinen Diener mit der Gräfin im Bett vorfindet, »benutzen Sie wenigstens den Eingang für das Personal.«

*

»Warum haben Sie heute nacht so fürchterlichen Krach gemacht, Minna?« fragt die Gnädigste. »Wollte etwa mein Mann zu Ihnen ins Bett?«
»Heraus aus dem Bett wollte der treulose Kerl«, erklärt die Perle. »Er wollte nämlich unbedingt zu Ihnen.«

*

Ein Junggeselle sagt zu seiner neuen Haushälterin: »Ich bin kein Mann von vielen Worten. Wenn ich Sie in den Po kneife, dann heißt das: Kommen Sie sofort in mein Bett!«
»Das trifft sich sehr gut«, meint die neue Perle. »Ich bin auch keine Frau von vielen Worten. Wenn ich Ihnen dann mit der Bratpfanne eins auf den Schädel haue, dann heißt das: Ich habe keine Lust!«

»Zuerst kommen die Gäste und dann erst wir«

oder

Nach der Party ab ins Heiabett

Sie ist der Mittelpunkt der Party, und als das Gespräch auf Telepathie kommt, sagt sie: »Ich kann auch Gedanken lesen.«

Meint ein Mann: »So? Dann verraten Sie mir einmal, woran ich gerade denke.«

Antwortet sie: »Sie denken daran, wie Sie mich am schnellsten ins Bett bekommen.«

»Woher wissen Sie das?«

»Das überlegen sich hier doch alle Männer.«

*

Nach seiner gelungenen Vorstellung auf der Party fragt die Hausherrin den Stimmenimitator: »Könnten Sie vielleicht auch einmal meinen Mann nachahmen?«

»Ich will es gern versuchen«, sagt der Künstler. »Wo steht denn Ihr Bett?«

Es erkundigte sich der Freund:

»Wie war denn die Party?«

»Zum Schluß war ich so besoffen, daß ich sogar mit meiner Freundin ins Bett gegangen bin.«

Sie verlassen gemeinsam die Party, und sie lädt ihn ein, bei ihr noch ein Glas zu trinken. Während sie den Whisky eingießt, erklärt sie ihrem Gast, der sich in der Wohnung umsieht: »Seien Sie bitte vorsichtig, wenn Sie sich auf die Couch setzen. Wenn Sie nämlich den Arm fest auf die Lehne pressen, sich nach hinten lehnen und gleichzeitig die Beine ausstrecken, klappt die Couch zu einem Bett auseinander.«

Während der Party bemüht er sich ohne jeden Erfolg um eine tolle Frau. Schließlich flüstert ihm der Hausherr ins Ohr: »Ich werde ihr jetzt einen Drink mixen, und danach geht sie mit dir ins Bett, als ob du mit ihr verheiratet wärst.«

Wehrt er ab: »Wenn du ihr von diesem Zeug auch nur einen Tropfen gibst, ist es aus mit unserer Freundschaft.«

*

Sie haben sich auf der Party kennengelernt, und kurz danach fragt er sie plötzlich: »Würden Sie mit einem völlig fremden Mann ins Bett gehen, wenn er Ihnen dafür eine Million Mark zahlen würde?«

Sie überlegt einen Augenblick und sagt dann: »Ich glaube schon.«

»Würden Sie mit mir vielleicht auch für hundert Mark in den Federn verschwinden?«

»Was erlauben Sie sich! Was glauben Sie denn, wer ich eigentlich bin?«

»Diese Frage ist bereits geklärt«, sagt er. »Jetzt geht es nur noch um den Preis.«

*

Nach der Party nimmt er sie mit in seine Wohnung, zieht sie aus, legt sie auf das Bett und fragt verwundert: »Du sagst ja gar nichts.«

»Meine Mutter hat mir verboten, mit fremden Männern zu reden.«

*

»Was muß ich dir geben, damit du mit mir ins Bett gehst?« pöbelt der schon halb Besoffene auf der Party eine Rothaarige an.

Angeekelt sagt sie: »Äther!«

»Wie war denn gestern die Party bei den Weppelmanns?«
fragt die Freundin.
»Phantastisch! Ich war aber schließlich so betrunken, daß
ich Schwierigkeiten hatte, ins Bett zu kommen.«
»Was war denn los?«
»Als ich ins Bett wollte, ließ Weppelmann mich zwar freu-
destrahlend herein, aber seine Frau warf mich dann immer gleich wieder heraus.«

Es sagte der Partygast:

»Ein Neurotiker ist ein Mensch, der die Couch eines
Psychiaters mehr liebt als ein Doppelbett.«

Da der Vater seine Zwanzigjährige genau kennt, macht er
sich sofort auf die Suche nach ihr, als er sie auf seiner Party
plötzlich nicht mehr sieht.
Er findet sie in ihrem Zimmer nackt auf dem Bett liegend –
und über ihr ein Partygast.
»Gehen Sie sofort da runter!« brüllt der Vater.
»Ich denke überhaupt nicht daran. Schließlich war ich zuerst da.«

*

Nach der Party sagt die Gastgeberin vorwurfsvoll zu ihrer
Freundin: »Ich habe dich im Laufe des Abends mit diesem
grauenvollen Angeber im Schlafzimmer verschwinden sehen. Du hast dich sicherlich in meinem Bett köstlich amüsiert, aber ich finde, das ist wirklich ein starkes Stück.«
Seufzt die Freundin: »Stimmt, aber gerade deshalb hänge
ich ja so an diesem Kerl.«

Wieder einmal ist Fred auf einer Party bei einem Mädchen abgeblitzt, und sein Freund sagt zu ihm: »Du bist viel zu direkt und fragst bereits nach zwei Minuten, ob deine Gesprächspartnerin nicht mit dir ins Bett gehen will. Du mußt diplomatischer sein. Du bist doch in der ganzen Welt herumgekommen, also erzähle ihr erst einmal, wo du schon überall gewesen bist und was du schon alles gesehen hast. Erst dann steuerst du langsam das eigentliche Ziel an.«

Fred nimmt sich den guten Rat zu Herzen und erkundigt sich kurz danach: »Waren Sie auch schon einmal in Australien, meine Liebe?«

»Nein.«

»Auch gut, dann wollen wir gleich ins Bett gehen.«

*

Er hat sie auf der Party gerade kennengelernt und sagt zu ihr: »Jetzt hole ich uns neue Drinks, und danach lege ich meinen Arm um Sie.«

Meint sie: »Nein, das werden Sie nicht tun.«

»Später besorge ich uns noch ein paar Drinks, und wir ziehen uns in eine einsame Ecke zurück.«

»Nein, das werden wir nicht tun.«

»Anschließend fahren wir in meine Wohnung und werden dort noch das eine oder andere Glas trinken.«

»Nein, das werden wir nicht tun.«

»Danach gehen wir ins Bett, und ich werde nicht einmal ein Kondom benutzen.«

»Doch, das werden Sie schon tun.«

*

Er fragt seine Partynachbarin: »Würden Sie mit einem wildfremden Kerl einfach ins Bett steigen?«

»Aber natürlich nicht, alter Kumpel.«

Gegen Ende der Party fragt er das Mädchen, das er kurz vorher kennengelernt hat: »Wollen wir nachher noch ein bißchen bei mir ins Bett gehen?«
»Eigentlich wollte ich ja nicht, aber jetzt hast du mich glatt überredet.«

Er wollte von seiner Gesprächspartnerin wissen:

»Würden Sie mit einem Idioten seines Geldes wegen ins Bett gehen?«
»Kommt darauf an. Wieviel haben Sie denn?«

Sie ist eine Dame, schon etwas älter, auch etwas prüde, und schließlich will sie auf der Party das für sie unerfreuliche Gespräch mit einem jungen Mann abbrechen und sagt: »Es ist doch offensichtlich, daß wir in unserer Meinung nicht übereinstimmen.«
»Das will ich nicht sagen«, entgegnet er. »Nehmen wir beispielsweise einmal an, Sie müßten nachher in einem Raum übernachten, in dem nur zwei Betten stehen. In dem einen Bett liegt aber bereits ein Mann, in dem anderen schläft eine Frau. Zu wem würden Sie sich legen?«
»Natürlich in das Bett, in dem die Frau liegt«, antwortet sie eisig.
»Sehen Sie«, sagt der Mann grinsend, »ich auch. Und das ist doch etwas, worin wir übereinstimmen.«

*

Die Party nimmt immer wildere Formen an, und der Hausherr fragt einen Gast: »Weißt du, wo Manfred steckt?«
»In deiner Frau in eurem Ehebett.«

Als Marlene auf der Party sieht, mit welchen Verrenkungen sich die Paare auf der Tanzfläche bewegen, hat sie keine Lust, mit ihrem Freund zu tanzen.

»Komm schon!« muntert er sie trotzdem auf. »Das kannst du doch auch.«

»Viel besser sogar«, bestätigt Marlene, »aber nicht hier, sondern nur in meinem Bett.«

*

»Also schön«, sagt sie zu dem jungen Mann, den sie erst kurz vorher auf einer Party kennengelernt hat, »Sie dürfen kurz mit mir in meine Wohnung kommen und eine Tasse Kaffee trinken. Aber ich warne Sie – in meinem Bett wird nicht geraucht!«

Es erkundigte sich der Hausherr bei einem Partygast:

»Wie verstehst du dich inzwischen mit deiner Frau?«

»Ganz gut. Wir haben schon zweimal die Scheidung verschoben, weil wir einfach nicht aus dem Bett kommen.«

Als Frau Harmsen während der Party kurz verschwindet, um sich im Schlafzimmer etwas frisch zu machen, entdeckt sie im Bett ihren Mann, der es mit einem jungen Mädchen treibt.

»Max«, sagt sie entsetzt, »du hättest wirklich an mich denken können.«

»Habe ich doch, mein Liebling, aber du weißt doch: Zuerst kommen die Gäste und dann erst wir.«

Zwei Tage nach der Party lagen sie immer noch im Bett, aber schließlich sagte sie: »Ich kann einfach nicht mehr. Ich stehe jetzt auf und verkrieche mich eine Zeitlang bei meiner Mutter, um mich zu erholen.«

»Auch gut«, sagte er, »dann gehe ich zurück zu meiner Frau.«

*

Bei einer wilden Party landen zwei Männer zusammen in einem Bett.

»Irgend etwas mit dem Partnertausch müssen wir beide wohl nicht richtig verstanden haben.«

»Stimmt«, sagt der andere, »aber noch mehr würde mich interessieren, was eigentlich unsere Frauen treiben.«

Es sagte das Partygirl:

»Natürlich würde ich mit einem Mann, der mir vollkommen fremd ist, nie ins Bett gehen – aber nichts ist ja vollkommen.«

Biggi fragt Lola auf der Party: »Was machst du denn nachher?«

»Wenn ich bis Mitternacht nicht im Bett bin, gehe ich heim.«

*

»Hast du gestern auf der Party ein Mädchen kennengelernt?«

»Ein grundanständiges sogar. Beim ersten dreckigen Witz ist sie sofort aus dem Bett gesprungen.«

83

Er reißt auf der Party einen tollen Käfer auf und geht danach sofort mit dem Mädchen ins Bett.

Nachher meint er: »Wenn ich gewußt hätte, daß du noch Jungfrau bist, hätte ich mir mehr Zeit genommen.«

»Und wenn ich gewußt hätte, daß du mehr Zeit hast, hätte ich meine Strumpfhose ausgezogen.«

*

Sie treffen sich zufällig, und er fragt: »Sind wir vorgestern auf der Party nicht zweimal miteinander ins Bett gegangen?«

»Kann schon sein. Ich habe keine Ahnung, mit welchen Typen ich im Bett war.«

*

Während der Party führt ein Mann die Gastgeberin ins Schlafzimmer, reißt ihr die Kleider vom Leib und wirft sie auf das Bett.

»Sind Sie von Sinnen?« empört sie sich.

»Bestimmt nicht. Sie sagten doch, daß ich mal mit Ihnen anstoßen soll.«

**»Sie kann es einfach nicht sehen,
wenn ich mich amüsiere«**

oder

Noch einmal mit Gefühl im Ehebett

Willibald kauft sich eine Zauberbrille, durch die man die Menschen nackt sehen kann. Auf der Straße setzt er die Brille auf – und alle Menschen sind für ihn nackt. Nimmt er die Brille ab – alle Menschen sind bekleidet.

Zu Hause setzt er die Brille auf und betritt das Schlafzimmer, weil er von dort seltsame Geräusche hört. Mit der Brille auf der Nase sieht er seine Frau und einen seiner Freunde im Bett liegen – nackt.

Er nimmt die Brille ab – beide sind immer noch nackt im Bett. Willibald geht in die Küche, wirft die Brille in den Abfalleimer und schimpft: »Scheißding! Kaum gekauft – und schon kaputt!«

*

Sagt Fränkel zu seinem Nachbarn: »Gestern hatten Sie aber einen Ehekrach, daß die Wände gewackelt haben. Wie ist es denn ausgegangen?«

»Meine Frau kam auf allen vieren angekrochen.«

»Und was hat Ihre Frau gesagt?«

»›Komm endlich unter dem Bett hervor, du elender Feigling!‹«

*

Sie sitzen sich am Nachmittag zufällig in einem Kaffeehaus gegenüber. Er spendiert ihr ein Stück Torte, ein Glas Wein, sie raucht seine Zigaretten und nimmt ihn schließlich mit in ihre Wohnung.

Als sie nebeneinander im Bett liegen, beweist er sich als wahrer Gentleman und fragt immer wieder: »Darf ich das denn, gefällt es dir wirklich?«

»Ja«, haucht sie und bewegt sich etwas schneller. Kurz vor dem Höhepunkt sagt sie plötzlich: »Jetzt kommt der Teil, der mir überhaupt nicht gefällt.«

Wundert er sich und fragt: »Was ist das?«

»Mein Mann. Er ist gerade in die Garage gefahren.«

Das Ehepaar liegt im Bett und spielt Karten. Sie reizt, er paßt. Sie geht höher, er paßt wieder. Sie legt die Karten zur Seite, greift unter die Decke und fummelt ihn ab. Sie staunt und sagt: »Du hast da ja einen herrlichen Grand.«

»Stimmt«, sagt der Herr Gemahl, »aber den spiele ich heute aus der Hand.«

*

Faucht der auf frischer Tat ertappte Ehemann seine Geliebte an: »Antworte gefälligst, wenn meine Frau von dir wissen will, was du in meinem Bett zu suchen hast!«

*

»Rache ist süß«, sagt sie zu ihrer Nachbarin. »Hat mein Mann doch vor zwei Monaten von mir verlangt, daß ich mit dem Hausbesitzer ins Bett gehe, um damit die Miete abzubezahlen.«

»Das haben Sie doch sicher abgelehnt«, ist sich die Nachbarin sicher.

»Im Gegenteil. Was mein Mann jedoch nicht weiß: Die Miete ist inzwischen bereits für die nächsten viereinhalb Jahre bezahlt.«

*

Bankier Klopfer geht mit seiner Frau ins Bett. Er ist sehr liebebedürftig und nimmt sie zärtlich in den Arm.

Sie schmiegt sich an ihn und sagt: »Ach, Fridolin, alles ist so teuer, alle Preise gehen immer in die Höhe, ich wäre froh, es ginge auch einmal etwas hinunter.«

Da dreht sich Klopfer auf die andere Seite und sagt: »Dein Wunsch ist soeben in Erfüllung gegangen.«

Der Ehemann überrascht seine Frau mit einem Mann im Bett und brüllt: »Verlassen Sie sofort dieses Bett und die Wohnung!«
Mault der Hausfreund: »Ihre Frau hat mich eingeladen, und Sie schmeißen mich raus – ich möchte bloß mal wissen, wer hier was zu sagen hat.«

*

Immer wieder findet er seine Frau mit einem anderen Mann im Bett vor. Jedesmal ärgert er sich und droht mit der Scheidung. Aber jedesmal verspricht sie, sich zu bessern.
Eines Tages überrascht er sie mit einem sehr kleinen Mann. Er tobt wieder, aber sie beruhigt ihn: »Du siehst doch, daß ich schon dabei bin, eine Entwöhnungskur zu machen.«

Es sagte der Verkäufer:

»Dieses Jugendstilbett ist etwas für Liebhaber.«
»Sprechen Sie nicht so laut! Mein Mann ist fürchterlich eifersüchtig.«

Heiko findet seine Frau mit einem Mann im Bett, holt seinen Revolver hervor und schreit: »Hurensohn, glaubst du an ein Leben nach dem Tod?«
»Ja, ja«, stammelt der Nebenbuhler.
»Das ist ausgezeichnet. Meine Frau ist nämlich, wenn sie mich nicht gerade betrügt, auch sehr fromm. Ihr könnt also in wenigen Sekunden eure Vögelei im Jenseits fortsetzen.«

Grundke und Akers spielen Karten. Grundke verliert eine Partie nach der anderen und hat schon alle Wertgegenstände, die er besitzt, eingesetzt und verloren.

Akers macht ihm schließlich den Vorschlag: »Spielen wir um unsere Frauen.«

Grundke stimmt zu – und verliert wieder. Traurig händigt er Akers seine Wohnungsschlüssel aus.

Nach fünf Minuten kommt Akers wutschnaubend zurück und faucht Grundke an: »Du Idiot, du hättest mir auch vorher sagen können, daß bereits der Kampelmann bei deiner Frau im Bett liegt!«

»Der Kampelmann?« wundert sich Grundke. »Aber mit dem habe ich doch gar nicht gespielt.«

*

Er erwischt seine Frau mit einem fremden Mann im Bett.

Sagt sie lächelnd: »Ich schwöre dir, er kam im Garten auf mich zugehüpft und war bis vor drei Minuten noch ein richtiger Frosch.«

*

Sie vergnügt sich mit ihrem Hausfreund, als ihr Mann unversehens heimkommt. Der Lover greift nach seinem Revolver und versteckt sich unter dem Bett.

Der Gehörnte reißt die Tür auf und schreit: »Wo ist der Kerl? Ich werde ihn schon finden!«

Er schaut im Wohnzimmer nach und murmelt: »Hier ist er nicht.«

Er kontrolliert das Bad und stellt fest: »Hier ist er nicht.«

Er öffnet den Schrank und staunt: »Hier ist er nicht.«

Dann schaut er unter das Bett, sieht den Mann mit dem auf ihn gerichteten Revolver und sagt ganz laut: »Hier ist er auch nicht!«

Der Ehemann kommt nach Hause und entdeckt im Bett seiner Frau einen fremden Mann.

Sie lacht und sagt: »Reg dich nicht auf. Gestern im Theater hast du dich über die gleiche Szene köstlich amüsiert.«

*

Er liegt mit seiner Frau im Bett, als sein fünfjähriger Sohn das Schlafzimmer betritt, die Hand aufhält und sagt: »Vati, ich bekomme fünf Mark.«

»Wieso denn, mein Sohn?«

»Weil mir der Briefträger auch immer fünf Mark gibt, wenn ich ihn mit der Mutti im Bett erwische.«

Sie sagte zu ihrem stürmischen Liebhaber:

»Warte doch wenigstens so lange, bis mein Mann in seinem Bett liegt und die Schlaftablette, die ich ihm gegeben habe, wirkt.«

Sie liegt mit einem Liebhaber im Bett, als sie plötzlich zu ihm sagt: »Das kann nur mein Mann sein! Du mußt sofort verschwinden.«

Der Lover klettert aus dem Fenster und springt auf die Terrasse. Es regnet wie aus Kübeln gegossen, aber der Lover weiß, daß er trotzdem schnellstens verschwinden muß. Deshalb schließt er sich einer Gruppe von Joggern an.

Staunt einer von denen: »Joggen Sie immer nackt?«

»Ja.«

»Und immer mit einem Präser?«

»Nein, nur wenn es regnet.«

Sie liegen nebeneinander im Ehebett. Sie streichelt ihn, drängt sich eng an ihn und flüstert: »Liebling...«
Er rührt sich nicht und sagt nur: »Ja, was ist?«
Flüstert sie: »Na, wir könnten doch...«
Unterbricht er sie: »Sei mir bitte nicht böse, aber ich bin wirklich zu müde, um mir jetzt noch eine tolle andere Frau vorstellen zu können.«

*

Er hat eine Stripperin geheiratet, und ein Freund sagt: »Die ist doch im Bett sicher ganz toll?«
»Ja, aber mir tun hinterher immer die Hände weh.«
»Die Hände?«
»Ja, denn ich muß abends ewig lange applaudieren, bis sie endlich auf Touren kommt.«

*

»Du Hure!« schreit der eifersüchtige Ehemann und schaut haßerfüllt auf das Ehebett, in dem sich nicht nur seine Frau, sondern auch ein fremder Mann befindet. »Endlich habe ich dich auf frischer Tat ertappt!«
Trotz ihrer Nacktheit bewahrt sie die Ruhe. »Das sieht dir ähnlich«, sagt sie verächtlich, »jetzt glaubst du dem bloßen Augenschein mehr als mir.«

*

Er ist schon etwas angetrunken, als er vor Freunden verkündet: »Meine Frau ist so erotisch wie eine Waschmaschine.«
Als sie Stunden später nebeneinander im Bett liegen, wird er zutraulich und versucht, sie an sich zu ziehen.
»Kommt nicht in Frage«, läßt sie ihn abfahren. »Wegen eines Waschlappens werfe ich doch nicht die ganze Maschine an.«

Er kommt einen Tag früher als geplant von seiner Geschäftsreise zurück und findet seine Frau in den Armen eines jugendlichen Liebhabers nackt im Bett vor. Bevor er ein Wort sagen kann, erklärt ihm die Ertappte: »Wenn du ihm auch nur ein Haar krümmst, nehme ich mir das Leben.«

»Schließen wir einen Kompromiß«, sagt er seelenruhig, »wenn du es dir gleich nimmst, geschieht ihm gar nichts.«

*

Weppelmann ist ein Kavalier der alten Schule. Deshalb beherrscht er sich auch mustergültig, als er neben seiner Frau im Ehebett einen jungen Mann vorfindet, und sagt nur: »Ich glaube nicht, daß ich bisher das Vergnügen hatte, Ihre ...«

Unterbricht ihn der Lover: »Das tut mir wirklich sehr leid, aber ich hatte es gerade.«

*

Er liegt neben seiner Frau im Bett und sagt plötzlich: »So ein Pech, jetzt ist mir das rechte Bein eingeschlafen.«

»Aber Liebling«, muntert sie ihn auf, »das brauchen wir doch gar nicht.«

*

»Meine Frau hat keine große Lust mehr am Sex«, vertraut er einem Eheberater an.

Rät der: »Legen Sie sich doch ein Wasserbett zu, das bringt Abwechslung.«

Vier Wochen später will der Eheberater wissen, ob sich die Anschaffung gelohnt hat.

»Nein«, sagt er, »jetzt wartet meine Frau jeden Tag darauf, daß nachts die Flut über sie kommt.«

»Warum streust du jeden Abend deiner Frau Salz ins Bett?«
»Aber es heißt doch: Im Salz kamma gut, da kann man gut...«

*

Manfred betritt das Schlafzimmer und findet seinen Freund Erwin im Bett seiner Frau vor.
Sagt der Freund geistesgegenwärtig: »Komm ruhig rein, Manfred, hier ist bequem Platz für uns drei.«

*

Der Arzt schreit seine Frau an: »Schämst du dich nicht, mit einem anderen Mann zu schlafen?«
Antwortet sie ihm lachend: »Reg dich wieder ab! Du sagst doch immer, ich sei im Bett so schlecht. Jetzt wollte ich mal eine zweite Diagnose hören.«

*

Der Börsenmakler liegt im Bett neben seiner Frau und spürt ein männliches Rühren.
»Liebling«, flüstert er, »die Aktien steigen, die Kurse sind fest, steigst du ein?«
»Nein«, antwortet sie, »die Börse ist heute geschlossen.«
Nach einiger Zeit ist sie jedoch plötzlich bereit einzusteigen und fragt liebevoll: »Schläfst du schon? Die Börse hat jetzt doch geöffnet.«
»Zu spät«, sagt er, »ich habe alles gerade unterderhand verschleudert.«

*

Der Ehemann lacht und sagt: »Erst die Arbeit, dann das Vergnügen!« Danach geht er bis zum Beginn des Fernseh-krimis mit seiner Frau ins Bett.

»Du solltest deine Frau mal zum Arzt schicken«, sagt Winfried zu seinem Freund.

»Warum denn? Sie ist vollkommen gesund; es fehlt ihr nichts.«

»Doch, ihr Kreislauf ist nicht in Ordnung. Ich kam nur durch Zufall drauf, weil sie im Bett immer so kalte Füße hat.«

*

Ein Bauer kommt abends heim und findet seine Frau mit dem Knecht im Bett. Er stürzt sich auf den Knecht und schlägt ihn zusammen.

Als der Knecht wieder zu sich kommt, liegt er in der Scheune auf einer Werkbank, und sein bestes Stück ist in einen Schraubstock, an dem aber der Hebel entfernt ist, eingespannt. Der Knecht blickt sich um und sieht, wie der Bauer ein Messer wetzt.

»Sie werden mir ihn doch nicht etwa abschneiden?« schreit der Knecht voller Entsetzen.

»Nein«, sagt der Bauer und legt das Messer neben den Schraubstock, »das mußt du schon selbst machen. Ich zünde nämlich jetzt die Scheune an.«

*

Es ist schon nach Mitternacht, als Eugen an den Stammtisch kommt.

Fragt ihn ein Kumpel: »Was ist los? Warum schaust du so böse?«

»Stell dir vor, als ich vorhin von der Spätschicht heimkomme, liegt meine Frau mit einem fremden Kerl im Bett.«

»Und hast du ihn gleich rausgeworfen?«

»Nein, aber ich habe die Schlafzimmertür ganz fest zugeknallt, damit sie wissen, wie sauer ich bin.«

97

Er kriecht zu ihr ins Bett, und sie murmelt: »Nicht heute, ich bin müde und muß morgen früh schon um fünf Uhr aufstehen.«

»Schon gut«, sagt er, »wenn ich bis dahin nicht fertig bin, mache ich einfach Schluß.«

*

Er kommt nach Hause und findet seine Frau im Bett vor. Sie ist allein, doch irgend etwas kommt ihm eigenartig vor. Er geht noch einmal in das Wohnzimmer und entdeckt zwei Zigarrenstummel im Ascher. Schüttelt er den Kopf und murmelt: »Jetzt raucht sie auch noch Zigarren, wenn ich nicht zu Hause bin.«

Es sagte die Hebamme:

»Vom Bett zum Wochenbett ist es oft nur ein kleiner Sprung.«

Sie hat die halbe Nacht schwer angeschafft, und sie nimmt sogar den letzten Freier mit nach Hause und geht mit ihm dort ins Bett.

Sagt ihr Mann ärgerlich: »Du hast mir doch versprochen, keine Heimarbeit mehr mitzubringen.«

*

»Wenn wir es miteinander im Bett treiben, macht meine Frau immer die Augen zu.«

»Warum?«

»Sie kann es einfach nicht sehen, wenn ich mich amüsiere.«

Er kommt spätabends nach Hause, betritt das Schlafzimmer und sieht, wie sein Freund gerade aus dem Bett seiner Frau steigt. Spontan schüttelt er dem Freund die Hand und sagt: »Vielen Dank, mein Lieber, heute ist mir nämlich wirklich nicht danach zumute, auch noch einen Eisberg zu besteigen.«

*

Michael wacht in der Nacht schweißgebadet auf. Seine Frau will wissen, was los ist.
»Ach, ich hatte einen Alptraum. Die drei tollsten Frauen der Welt und du haben um einen Platz in meinem Bett gekämpft.«
»So schlimm ist das doch gar nicht«, versucht sie ihn zu beruhigen.
»Nicht schlimm? Wo du doch gewonnen hast!«

*

Seine Frau liegt neben ihm im Bett und will wieder einmal. Er ist nicht gerade begeistert, sagt aber: »Gut, aber nur in der Caritas-Stellung.«
Sie wartet gespannt, aber er rührt sich nicht. Schließlich sagt sie: »Jetzt fang doch endlich mit deiner Caritas-Stellung an!«
»Das ist sie ja schon«, meint er. »Du hast die Büchse – und ich tue nichts rein.«

*

Am Abend der goldenen Hochzeit geht das Ehepaar müde ins Bett.
»Liebling«, fragt sie, »hast du mich eigentlich jemals betrogen?«
»Ja, mein Schatz, ein einziges Mal.«
»Schade, das könnten wir jetzt wirklich gut gebrauchen.«

Jörg kommt früher nach Hause und überrascht seine Frau in den Armen eines anderen.

»Sie Ehebrecher! Sie gemeiner Strolch!« brüllt er den Lover an. »Ich werde Sie umbringen!«

Ironisch lächelnd hat die Frau die Szene beobachtet und sagt danach zu ihrem Liebhaber: »Denk dir nichts dabei. So ein Theater führt er jedesmal auf, wenn er mich im Bett mit einem anderen Mann erwischt.«

Er sagte gelangweilt:

»Selbstverständlich liebe ich dich noch genauso leidenschaftlich wie früher. Ich bewege mich nur so langsam, damit die Zigarettenasche nicht ins Bett fällt.«

Er kommt nach Hause und findet seine Frau allein im Bett vor. Wortlos verläßt er den Raum, kommt aber gleich wieder zurück, und zwar mit seinem scharfen Rasiermesser in der Hand.

»Was hast du vor?« fragt seine Frau entsetzt.

»Kommt darauf an«, sagt er. »Wenn in den Männerschuhen, die dort unter dem Vorhang hervorschauen, niemand steckt, rasiere ich mich.«

*

»Du, Papi...«

»Stör mich nicht! Und außerdem hast du nur zu sprechen, wenn du gefragt wirst.«

»Dann frag mich doch mal, mit welchem Mann Mutti gerade im Bett liegt und bumst.«

Wirft sie ihm vor: »Du gibst mir nicht genug Haushaltsgeld!«
Erwidert er: »Wenn du im Bett nicht so geizig wärst, könntest du viel mehr haben.«
»Ich bin doch keine Hure«, empört sie sich.
»Aber die Weiber, die den Rest von deinem Haushaltsgeld
bekommen, sind es.«

*

Graf Jonathan kommt verfrüht von einer Reise zurück und
erwischt seine Frau mit einem Mann im Bett. Der Graf holt
ein Schwert, das im Wappensaal an der Wand hängt, und
gleich darauf gellen zwei Schreie durch das Haus.
Befiehlt der Graf danach dem Lakaien: »Johann, für den
Herrn ein Pflaster, für meine Frau einen Korkenzieher.«

Er fragte danach:

»Warum bist du eigentlich mit mir ins Bett gegangen
und hast deinen Mann betrogen?«
»Das möchte ich jetzt allerdings auch gern wissen.«

Dem Landarzt, der vom Bauern mit dessen Frau im Bett
erwischt wird, fällt nur eine Ausrede ein: »Ich messe gerade bei Ihrer Frau die Temperatur.«
Der Bauer holt sein Gewehr, legt an und sagt unheil-
drohend: »Sie sind der Doktor und müssen wissen, was
Sie tun. Aber ich warne Sie! Wenn Sie das Ding rauszie-
hen und es ist keine Skala drauf, dann gnade Ihnen
Gott.«

Sie liegen zusammen im Bett, als das Telefon klingelt. Sie nimmt ihr Handy, hört kurz zu und sagt dann: »Ist schon in Ordnung.«
Fragt er: »Wer war das denn?«
»Nur mein Mann. Er sagte, daß es heute später wird, weil er mit dir pokert.«

Es sagte der Arbeitskumpel:

»Ich habe gehört, deine Frau soll im Bett eine richtige Granate sein.«
»Ach, weißt du, die einen sagen so, die anderen so.«

Seine Frau liegt mit einem Fremden im Bett. Bevor er auch nur ein Wort herausbringt, sagt sie zu ihm: »Reg dich nicht auf, es gibt Schlimmeres. Auf deinem Schreibtisch liegt ein Brief vom Finanzamt.«

*

»Ist dort die Feuerwehr? Kommen Sie schnell, im Bett meines Mannes habe ich eine Bombe gefunden.«
»Eine Bombe im Bett?«
»Ja, eine Sexbombe.«

*

Sagt die eine Nachbarin: »Damit die Luft rein ist, liegen mein Mann und ich immer bei geöffnetem Fenster im Bett.«
Entgegnet die andere: »Mein Liebhaber und ich schlafen immer bei geöffneter Schranktür, falls die Luft mal nicht rein sein sollte.«

Im Bett seiner Frau liegt der Briefträger, der immer die Post bringt.

Lichtenstern sagt zu ihm: »Lassen Sie sich ruhig Zeit. Ich bin gleich wieder da.«

Fünf Minuten später kommt Lichtenstern zurück und bittet den Briefträger: »Wenn Sie sowieso hier sind, können Sie auch einen Brief an meine Freundin mitnehmen.«

*

»Meine Frau mußte unbedingt ein Pferd haben«, berichtet Andreas seinem Freund.

»Und, was soll denn da schon dabei sein?«

»Eigentlich nichts, aber das Vieh liegt jeden Abend in meinem Bett, und ich muß auf der Couch im Wohnzimmer schlafen.«

Empörte sich die Nachbarin:

»Ihr Mann ist Ihnen also tatsächlich nicht zu Hilfe gekommen, als Sie mit dem Einbrecher kämpften?«

»Nein, er lag unter dem Bett und drückte mir die Daumen.«

Splitternackt schläft die schöne junge Frau allein im Ehebett. Da hat sie einen Traum: Die Tür öffnet sich, ein phantastisch aussehender Jüngling, ebenfalls nackt, betritt das Schlafzimmer und nähert sich langsam ihrem Bett. Entsetzt fragt sie: »Was wollen Sie?«

»Keine Ahnung«, antwortet der Jüngling. »Wer träumt hier – Sie oder ich?«

IHR MANN IST IHNEN ALSO TATSÄCHLICH NICHT ZU HILFE GEKOMMEN, ALS SIE MIT DEM EINBRECHER KÄMPFTEN?
NEIN, ER LAG UNTER DEM BETT UND DRÜCKTE MIR DIE DAUMEN.

»Unsere Nächte haben ihren früheren Zauber verloren«, klagt der Ehemann am Morgen nach einer nutzlos verbrachten Nacht und verläßt frustriert das Haus.
Als er am Abend nach Hause kommt, liegt seine Frau mit einem Zauberkünstler im Bett, der gerade ein Kaninchen aus dem Zylinder hervorkriechen läßt.

Er lallte, als er nachts das dunkle Schlafzimmer betrat:

»Los, fang schon an zu schimpfen, sonst finde ich das Bett nicht.«

Sie sagt zu ihrem Mann: »Im Bett bist du nichts wert, du bist viel zu klein.«
»Und wie kommt es dann, daß man mir im Eros-Center Großhandelspreise einräumt?«

*

»Warum wollen Sie geschieden werden?« fragt der Richter den jungen Mann.
»Ich bin Student der Theologie«, erwidert der.
»Na und?«
»Ja, wissen Sie, Herr Richter, jedesmal, wenn ich ins Bett gehe, lockt mich meine Frau mit der Erbsünde.«

*

»Angeklagter, wo waren Sie in der fraglichen Nacht?«
»In meinem Bett.«
»Zeugen?«
»Na ja, ich habe es zumindest versucht.«

Überraschend kommt der Oberregierungsrat zwei Stunden nach seinem Dienstantritt wieder nach Hause und findet seine Frau nackt im Bett liegend vor.

»Du kannst dir gar nicht vorstellen, welche Sparmaßnahmen es inzwischen bei der Post gibt«, sagt er beiläufig. »Gerade ist mit im Treppenhaus der Briefträger in Unterhosen begegnet.«

*

Aufgeregt kommt Frau Schaufaß zu ihrem Angetrauten gerannt und sagt: »Du, unter meinem Bett liegt ein Mann.«

»Laß ihn doch«, brummt er.

»Ja, aber der Lustmolch will noch einmal.«

»Für so einen miesen Bums zahle ich doch nicht zweimal«

oder

Mißverständnisse im Doppelbett

Harmsens haben vier Kinder, die die Angewohnheit haben, am Sonntagmorgen zu ihrem Vater ins Bett zu kriechen. Irgendwann wird es Knut Harmsen zuviel, und er sagt: »Ich kann immer nur einen von euch unruhigen Geistern im Bett verkraften. Deshalb wechselt ihr euch in Zukunft ab.«
Daraufhin rennt der jüngste Sprößling zur Mutter und beklagt sich: »Weißt du was, Mutti: Wenn du ab heute mal zu Vati in das Bett willst, dann mußt du dich vier Wochen vorher anmelden.«

*

Fragt die Freundin: »Warst du eigentlich schon einmal aus Versehen mit dem Zwillingsbruder deines Mannes im Bett?«
»Ja, aber ich habe es immer gleich bemerkt.«
»Woran denn?«
»Der Bruder bumst besser.«

*

Der Regisseur erklärt seiner Hauptdarstellerin: »In der nächsten Szene liegen Sie nackt im Bett. Da kommt ein Mann in das Schlafzimmer gestürzt, fesselt Sie und vernascht Sie, daß es nur so kracht.«
»Sieht der Mann gut aus?«
»Aber selbstverständlich!«
»Warum muß er mich dann fesseln?«

*

Sagt er zu einem Kneipenkumpel: »Als ich gestern von der Arbeit nach Hause kam, überraschte ich meine Frau mit einem anderen Mann im Bett. Was kann ich bloß machen, damit das nicht wieder passiert?«
Rät der Kumpel: »Mach mehr Überstunden.«

Fragt er seinen Arzt: »Stimmt es eigentlich, daß Liebe blind macht?«

»Blödsinn!« sagt der Doktor. »Das ist doch nichts weiter als Aberglaube.«

»Dann möchte ich nur wissen«, überlegt sich der Patient, »warum ich meine Alte nicht mehr sehen kann, seitdem ich mit einem jungen Mädchen im Bett war.«

Es wunderte sich das Groupie:

»Endlich weiß ich, warum Rockmusiker im Bett so oft enttäuschen. Da müssen sie ohne Verstärker arbeiten.«

Sagt einer am Stammtisch: »Ich schicke meine Frau zum Bergsteigen nach Oberbayern.«

Meint ein anderer: »Ich habe meiner Frau gesagt, sie soll sich doch mal vier Wochen allein an der Nordsee erholen.«

Wundert sich ein dritter Stammtischbruder: »So lange bin ich nicht verheiratet, daß ich noch nicht ganz gern selbst mit meiner Frau ins Bett gehe.«

*

Frau Seidenhöfer, nicht mehr ganz taufrisch, will sich ein Bett kaufen, und die Entscheidung zwischen Messing oder Mahagoni fällt ihr schwer.

Sagt der Verkäufer: »Mit einem Messingbett kann Ihnen überhaupt nichts passieren.«

»Gut«, entscheidet Frau Seidenhöfer, »dann nehme ich das aus Mahagoni.«

»Das ist eine Unverschämtheit«, schimpft die Nachbarin. »Ich habe gehört, daß Sie damit prahlen, ich wäre mit Ihnen im Bett gewesen. Damit Sie es wissen: Sie sind der letzte, mit dem ich schlafen würde.«

»Auch gut«, sagt er. »Wenn ich dran bin, wissen Sie ja, wo ich wohne.«

*

Fridolin ist nicht gerade mit den größten Geistesgaben gesegnet, und es gefällt ihm überhaupt nicht, daß seine Braut sich nach der Verlobung immer noch mit anderen Männern herumtreibt.

Auf seinen entsprechenden Vorwurf sagt sie: »Aber du weißt doch, wie gern ich mich von dir ausführen lasse.«

»Das stimmt«, sagt er.

»Und lasse ich mich nicht immer gern von dir beschenken?«

»Doch, das stimmt auch«, gibt er zu.

»Und lehne ich es etwa ab, wenn du mir ab und zu mal mit ein paar Tausendern aushilfst?«

»Das auch nicht«, sagt er.

»Na, da siehst du es doch«, beruhigt sie ihn. »Du hast gar keinen Grund, so verstimmt zu sein. Der einzige Unterschied zwischen dir und den anderen Männern ist doch nur der, daß ich mit denen ins Bett gehe.«

*

Die Gnädige sagt zum Hausmädchen: »Ich möchte gern schlafen gehen. Schauen Sie bitte unter dem Bett nach, ob da ein Mann liegt. Und im Kleiderschrank. Vielleicht befindet sich dort auch einer.«

Das Mädchen erledigt den Auftrag und meldet dann: »Alles klar, gnädige Frau, die beiden Herren warten bereits auf Sie.«

»Der Rasen müßte wieder einmal gemäht werden«, sagt sie.

Er: »Ich bin doch kein Gärtner!«

»Der Wasserhahn in der Küche tropft. Den wenigstens könntest du reparieren.«

Er: »Ich bin doch kein Klempner.«

Als er am Abend nach Hause kommt, ist der Rasen gemäht, der Wasserhahn abgedichtet, und sie erklärt ihm: »In unserer Nachbarschaft wohnt seit kurzem ein netter junger Mann. Der hat das alles anstandslos erledigt, allerdings unter der Voraussetzung, daß ich entweder mit ihm ins Bett gehe oder seine Hemden flicke.«

Er: »Und du hast natürlich seine Hemden in Ordnung gebracht?«

Sie: »Ich bin doch keine Näherin.«

*

Tettenhammer ist ohne seine Frau auf einer Party, und deshalb antwortet er auf die Frage eines anderen Partygastes, wo er denn jetzt viel lieber sein möchte als auf dieser langweiligen Veranstaltung: »Natürlich würde ich jetzt am liebsten mit meiner Frau im Bett liegen.«

Wieder daheim, berichtet er seiner Frau von der Frage.

»Und was hast du geantwortet?« erkundigt sie sich.

Tettenhammer geniert sich und antwortet: »Im Theater.«

Zwei Tage später trifft Frau Tettenhammer eine Bekannte, die bei der Party dabei war, sich noch genau an die Frage erinnert und über Herrn Tettenhammers Antwort gern mehr wissen möchte.

Doch Frau Tettenhammer fällt der Bekannten ins Wort und sagt: »Wissen Sie, seit wir verheiratet sind, ist das nur zweimal passiert. Beim ersten Mal schlief er ein, und beim zweiten Mal langweilte er sich so sehr, daß er aufstand und sich einfach davonschlich.«

Er ertappt seine Frau mit einem fremden Mann im Bett und sagt: »Das gefällt mir aber gar nicht, daß Sie mit meiner Frau schlafen.«

»Ehrlich gesagt«, meint der Lover, »mir hat es auch nicht gefallen.«

»Was?« empört sich der Ehemann. »Auch noch frech werden? Das werden Sie mir bezahlen!«

»Bezahlen?« wundert sich der Liebhaber. »Für so einen miesen Bums zahle ich doch nicht zweimal!«

Es fragte der Witzbold:

»Was ist rosafarben, glatt, warm, feucht und verschafft einem viel Freude im Bett?«
Klar doch: die Wärmflasche.

Er ist schon über siebzig Jahre alt, aber immer noch ein Tausendsassa. Er trinkt, tanzt und liebt wie ein junger Mann, und alle im Tennisklub bewundern ihn.

Eine neugierige Dreißigjährige will es genau wissen und fragt: »Macht Ihnen Ihr Alter denn keine Beschwerden?«

»Und wie!« seufzt der Mann. »Schauen Sie, gestern habe ich eine Frau in Ihrem Alter kennengelernt. Wir haben bis nach Mitternacht getrunken, gegessen und getanzt. Sie hat mich danach in meine Wohnung begleitet, und wir sind zusammen ins Bett gegangen. Gegen vier Uhr bin ich plötzlich erwacht und wollte die Frau lieben. Sie hatte auch nichts dagegen, aber sie sagte: ›Mein Lieber, das ist jetzt schon das fünfte Mal in den letzten zwei Stunden!‹ Und jetzt kennen Sie auch meine Altersbeschwerden, Verehrteste: Mein Gedächtnis läßt nach.«

Petersen ist wieder einmal sturzbetrunken. Ein gutmütiger Polizist begleitet ihn nach Hause und fragt: »Ist das das Haus, in dem Sie wohnen?«

»Aber ja doch«, lallt Petersen und nimmt den Polizisten mit in die Wohnung. »Sehen Sie«, sagt er, »ich zeige Ihnen alles: Das hier ist die Küche, dort ist das Wohnzimmer und daneben das Schlafzimmer. Und die Frau auf der rechten Seite des Bettes, das ist meine Frau, und der Mann, der neben ihr liegt, das bin ich.«

Er gestand ihr:

»Du bist das erste Mädchen, mit dem ich ins Bett gehe.«

»Das ist eben das Risiko, das wir Mädchen heutzutage eingehen.«

Zwei Nachbarn, die einige Häuser voneinander entfernt wohnen, unterhalten sich über ihre neuen Ferngläser.

Sagt der eine: »Mein Glas ist ausgezeichnet. Vorgestern habe ich damit zufällig auf dein Haus geschaut, und da habe ich sogar gesehen, wie du mit deiner Frau im Bett gelegen und es getrieben hast.«

Antwortet der andere: »Hättest du mein viel besseres Glas benutzt, hättest du gesehen, daß ich nicht mit meiner, sondern mit deiner Frau im Bett gelegen bin.«

*

»Wie geht es denn der kranken Daniela?«

»Sie liegt im Bett und stöhnt.«

»Wenn sie schon wieder daran denkt, wird es mit ihrer Krankheit ja nicht so schlimm sein.«

Schwärmt sie: »Ich liebe Schiller und seine Verse. Ich stehe mit Schiller auf, ich lebe mit Schiller und gehe mit Schiller ins Bett.«
Gibt er zu bedenken: »Schiller ist tot – und ich dichte auch.«

*

Sie liegen nebeneinander im Bett, sie seufzt, stöhnt, zuckt und sagt: »Jetzt kommt gleich der Orgasmus.«
Er hält inne, schaut sie verwundert an und brummt: »Das eine kannst du dir für alle Zeiten merken: Solange ich mit dir im Bett liege, kommt mir kein Fremder ins Zimmer!«

*

Jens begleitet Fabian zum Bahnhof. Bevor Fabian einsteigt, sagt er: »Es war eine wunderbare Woche bei euch. Noch einmal herzlichen Dank. Und deine Frau ist wirklich die beste, die ich je im Bett hatte.«
Als der Zug langsam den Bahnhof verläßt, tippt ein Mitreisender Fabian an und sagt: »War seine Frau tatsächlich im Bett so gut?«
»Sie ist nur Durchschnitt«, korrigiert sich Fabian, »aber ich wollte meinem Freund doch eine Freude machen.«

*

Er geht sehr früh am Morgen auf die Jagd. Kaum sitzt er auf dem Anstand, fängt es an, so heftig zu regnen, daß er kaum mehr drei Meter weit Sicht hat. Deshalb fährt er wieder nach Hause, zieht sich aus und legt sich neben seine Frau in das Bett.
Fragt sie, noch halb schlafend: »Was ist denn los?«
»Es regnet Bindfäden.«
»Und bei dem Wetter ist mein Idiot auf die Jagd gegangen.«

Urs hat geschäftlich in Berlin zu tun und sitzt nach einem harten Tag abends in einer Bar und läßt sich den Whisky schmecken. Er kommt mit einer üppigen Rothaarigen, die neben ihm auf dem Hocker sitzt, ins Gespräch, und es dauert nicht lange, bis sie ihm ein eindeutiges Angebot macht.

Urs erkundigt sich nach dem Preis, und sie sagt: »Fünfhundert Mark.«

Das ist Urs zuviel, und deshalb verspricht ihm die Rothaarige: »Dafür darfst du aber auch zweimal mit mir ins Bett gehen.«

Doch Urs bedauert: »Das ist überhaupt kein Vorteil für mich, denn ich bleibe nur eine Woche in Berlin.«

Es sagte die Enddreißigerin zu ihrer Freundin:

»Seit Jahren schaue ich abends unter meinem Bett nach, ob sich dort vielleicht ein Mann versteckt. Da bisher nie einer da war, habe ich jetzt meine Chancen verdoppelt und mir ein zweites Bett gekauft.«

Er war über drei Monate auf See. Seine Frau holt ihn ab, nimmt ihn mit in das nächste Hotel, und drei Minuten später liegen sie nebeneinander nackt im Bett.

Nach der dritten Nummer schlafen sie beide erschöpft ein, wachen aber Stunden später auf, als im Flur polternde Schritte zu hören sind.

Er schrickt hoch und sagt: »Verdammt, dein Mann kommt!«

Murmelt sie schlaftrunken: »Keine Angst, der schippert doch irgendwo im Pazifik herum.«

Da es schon sehr spät in der Nacht ist, macht er kein Licht an, als er das Schlafzimmer betritt. Er tastet sich vorsichtig voran, stolpert aber und rutscht aus.

Seine Frau wird wach, sieht ihn im Mondscheinlicht auf dem Boden liegen und sagt: »Ach, du bist es nur! Und ich dachte schon, ein Mann will zu mir ins Bett.«

Es sagte der Arzt:

»Junggesellen sind deshalb so oft erkältet, weil sie so oft morgens aus einem warmen Bett nach Hause gehen müssen.«

Sie bittet den Psychiater: »Helfen Sie mir. Immer wenn ich mit einem Mann ausgehe, landen wir im Bett, und ich fühle mich hinterher schmutzig und billig.«

»Ich verstehe«, sagt der Arzt. »Und nun möchten Sie, daß ich Ihre Willenskraft stärke, damit Sie nicht mehr so oft mit einem Mann ins Bett gehen.«

»Um Himmels willen! Nein, ich möchte, daß Sie mir helfen, damit ich mich hinterher nicht mehr so schmutzig fühle.«

*

»Herr Doktor«, gesteht die tolle Zwanzigjährige, »immer wenn ich einen Mann sehe, habe ich das brennende Bedürfnis, mit ihm ins Bett zu gehen. Wie nennt man so etwas?«

»Eine verdammt gute Nachricht«, sagt der Arzt und beginnt sofort mit dem Ausziehen.

Er quatscht seine Barnachbarin an: »Na, Süße, nimmst du mich nachher mit in dein Bett?«

Faucht sie: »Was erlauben Sie sich? Ich bin doch eine Dame.«

»Das hoffe ich doch. Männer frage ich so etwas nicht.«

*

Nach dem Betriebsfest schleppt die erfahrene Chefsekretärin den Azubi ab. In ihrer tollen Wohnung fühlt sich der junge Mann nicht wohl. Am liebsten würde er schnellstens verschwinden, aber sie zieht ihn aus, verfrachtet ihn in ihr Bett und verwöhnt ihn nach allen Regeln der Liebeskunst.

Der Azubi, der noch nie mit einer Frau geschlafen hat, weiß immer noch nicht so recht, was mit ihm geschieht. Sie krallt sich an ihm fest und zieht ihn immer tiefer zu sich heran. Ihre Bewegungen werden wilder, aber der junge Mann rührt sich kaum noch und bleibt dann schließlich steif und apathisch auf ihr liegen.

Sie versteht sein Verhalten nicht und fragt: »Was ist denn los? Was willst du denn?«

Kläglich kommt seine Antwort: »Wieder runter.«

Humor in allen Lebenslagen

(2773)

(73052)

(2782)

(73044)

(73045)

(73043)

Humor in allen Lebenslagen

(73025)

(73030)

(2744)

(73032)

(73050)

(73028)